三农热点面对面丛书

农村财政与税务知识读本

马长海　段清伟　杨伟坤　编

中国农业出版社

图书在版编目（CIP）数据

农村财政与税务知识读本/马长海，段清伟，杨伟坤编．—北京：中国农业出版社，2011.9
（三农热点面对面丛书）
ISBN 978-7-109-16060-6

Ⅰ.①农… Ⅱ.①马…②段…③杨… Ⅲ.①农村财政-中国-问题解答②农业税-税收管理-中国-问题解答 Ⅳ.①F812.8-44②F812.42-44

中国版本图书馆 CIP 数据核字（2011）第 186193 号

中国农业出版社出版
（北京市朝阳区农展馆北路 2 号）
（邮政编码 100125）
责任编辑 刘明昌

中国农业出版社印刷厂印刷 新华书店北京发行所发行
2011 年 10 月第 1 版 2011 年 10 月北京第 1 次印刷

开本：850mm×1168mm 1/32 印张：6.5
字数：103 千字 印数：1～5 000 册
定价：15.00 元

出版说明

“三农”问题是党和国家工作的重中之重，在不同时期表现出不同的热点难点。围绕这些热点难点，自 2004 年以来，党中央连续发布了 8 个“三农”问题的一号文件，不断推动“三农”工作。

当前“三农”热点难点问题主要有：如何推进农业现代化，如何加快新农村建设，如何统筹城乡发展，如何发展现代农业，如何加快农村基础设施建设和公共服务，如何拓宽农民增收渠道，如何完善农村发展的体制机制以及农民工转移就业、农村生态安全、农产品质量安全，等等。这些问题是一个复杂的社会问题，解决“三农”问题需要社会各界的共同努力。中国农业出版社积极响应党中央和农业部号召，围绕中心、服务大局，立足“三农”发展现实需求，围绕“三农”热点难点问题，坚持“三贴近”原则，面向基层农业行政、科技推广、乡村干部和广大农民，组织专家撰写了《三农热点面对面丛书》。

本丛书紧密联系我国农业、农村形势的新变

化，重点围绕发展现代农业和推进社会主义新农村建设，对当前农民和农村干部普遍关注的党的强农惠农政策、农业生产、乡村管理，农民增收和社会保障以及新技术应用等热点难点问题，采用专家与读者面对面交流的形式，理论联系实际，进行深入浅出的回答，观点准确、说理透彻，文字生动、事例鲜活，图文并茂、通俗易懂，具有较强的针对性和说服力。在运作方式上，根据理论联系实际的要求，针对“三农”问题的阶段性特点，分期分批组织实施。丛书突出科学性、针对性、实用性，力求用新技术、新观点、新形式，达到“贴近农业实际、贴近农村生活、贴近农民群众”的要求。

本丛书是广大基层干部、农民和农业院校师生学习和了解理论和形势政策的重要辅助材料，也是社会各界了解“三农”问题的重要窗口。希望本丛书的出版对推动“三农”工作的开展和“三农”问题的研究提供有力的智力支持，也希望广大读者提出好的意见和建议，以便我们更好地改进工作，服务“三农”。

2011年6月

CONTENTS 目录

一、农村财政基础

1. 什么是财政？

财政是一种经济行为或经济现象，这种经济行为和经济现象的主体是国家或政府。财政首先是作为经济范畴加以研究的，所以财政学是一门经济学科，是经济学的一个分支。但是，经济与政治本来就是不可分的，而财政这种经济行为或经济现象的一个重要特点，是它与政治的关系更为紧密，其主要原因就在于财政是一种国家（或政府）的经济行为，财政学则是一门名副其实的政治经济学。从起源上考察，财政是伴随国家的产生而产生的。人类社会随着生产力的不断提高，出现私有财产，社会分裂为阶级才产生了国家。国家一旦产生，就必须从社会分配中占有一部分国民收入来维持国家机构的存在并保证实现其职能，于是才产生财政这种特殊的经济行为和经济现象。

因此，从经济学的意义来理解，财政是一个经济范畴，以国家为主体的经济行为，是政府集中一部分国民收入用于满足公共需要的收支活动，以达到优化资源配置、公平收入分配及经济稳定和发展的目标。任何社会和国家的财政活动，都体现政府与其他经济主体以及各经济主体之间的利益关系。

相关链接

从人类发展史来看，财政活动是一种历史悠久的经济现象。综观我国几千年留存下来的古籍，可以看到“国用”、“国计”、“度支”、“理财”等一类用词，都是关于财政和理财之道的记载。还有“治粟内史”、“大农令”、“大司农”一类用词，则是有关财政管理部门的记载。我国使用“财政”一词虽已经习以为常了，但“财政”一词出现在中文词汇中至今却只有百年的历史。据考证，清朝光绪二十四年，即1898年，在戊戌变法“明定国是”诏书中有“改革财政，实行国家预算”的条文，这是在政府文献中最初启用“财政”一词。“财政”一词的使用，是当时维新派在引进西洋文化思想指导下，间接从日本“进口”的。

2. 财政的基本特征有哪些？

（1）阶级性与公共性。国家历来是统治阶级的国家，政府则是执行统治阶级意志的权力机构，因而财政是国家或政府的经济行为，就必然具有阶级性。同时，财政还具有公共性。这是因为：首先，统治阶级的政治统治是以执行某种社会职能为前提的，而且这种从社会中产生但又自居于社会之上并且日益同社会脱离的力量，就是国家。从这个意义上说，国家或政府本身就具有公共性；其次，财政的公共性不是市场经济条件下才存在的，前面说的国家或政府执行某种社会职能是公共事物，甚至阶级统治是历史发展的必然结果，也属于公共事物。

（2）强制性与无直接偿还性。财政的强制性是指财政活动主要凭借的是国家政治权力。国家具有两种不同的权力：所有者权力和国家政治权力。前者依据对生产资料和劳动力的所有权占有，后者凭借政治权力占有。财政支出在规模和用途的安排中，在民主政治下，必须通过一定的政治程序作出决策并依法强制实施。财政收入中的主要收入即税收也是凭借国家政治权力获取的。获取后，对纳税人不需要付出任何代价，也不需要直接偿还。当然，虽然税收具有间接的偿还性，但每一个纳税人都无权要求从公共支出中享受与他的纳税额等值的福利。

（3）收入与支出的平衡性。财政的运行过程是有收有支。关于财政收入与支出的关系，有“以收定支”和“以支定收”的争论，这些争论说明收入与支出是财政运行过程中相互制约的两方，收支是否对称或平衡构成财政运行的主要矛盾。收支的绝对平衡几乎是不存在的，有时收大于支，有时支大于收。收大于支意味着有结余，财政运行似乎稳妥，但常年形成大量结余则说明政府集中的资源没有充分运用，会抑制社会经济的发展。支大于收意味着出现赤字，如果出于政策需要，运用得当，会有利于社会经济的发展，但连年不断形成大量赤字，则说明财政运行失控，影响市场经济效率，甚至最终导致通货膨胀。

3. 财政的作用有哪些？

（1）国家通过财政可以有效地调节资源配置。财政是实现国家宏观调控的重要手段之一，对实现资源的优化配置起着重要作用。

（2）国家通过财政可以促进经济的发展。国家通过对财政收支数量、方向的控制，有利于实现社会总需求和总供给的平衡及结构的优化，保证国民经济的持续、快速、健康发展。

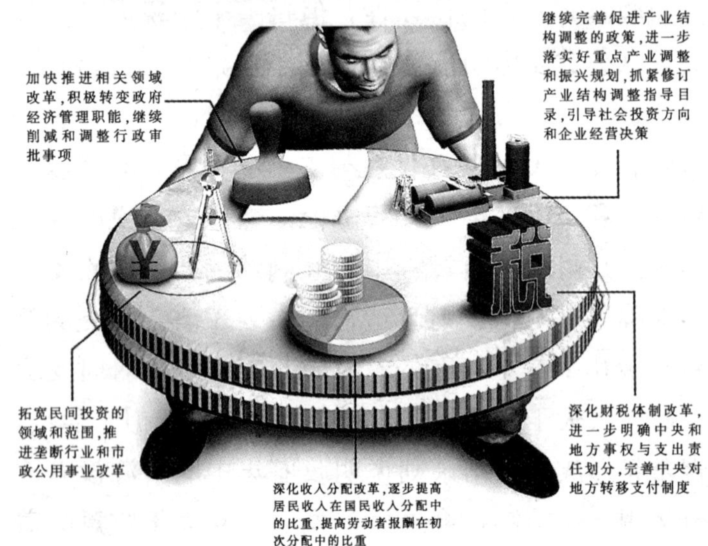

(3) 财政可以有力地促进科学、教育、文化、卫生事业的发展。科教文卫都属于事业单位，它们或者没有经济收入，或者经济收入有限，必须依靠财政的大力支持。

(4) 财政有利于促进人民生活水平的提高。经济建设支出是国家财政支出的重要内容，为人民生活水平的提高打下了坚实的基础。同时，财政通过税收和社会保障支出，对社会分配进行着广泛的调节，为促进经济发展，提高人民生活水平发挥着积极的作用。

(5) 财政是巩固国家政权的物质保证。雄厚的财政实力可以有效地调节和处理人民内部矛盾，建立起强大的国防，巩固国家政权，保卫国家独立和领土完整，实现人民的安居乐业。

4. 常见的农村公共物品有哪些？

(1) 农村行政事业服务。农村基层政权运转提供的社会行政服务，以及农业科研、技术推广、畜牧兽医、水利气象部门的事业服务。

(2) 农村社会保障。主要包括农村合作医疗、农村养老保险及农村社会扶贫救助等。

(3) 农村公共教育。农村范围内的中小学九年制义务教育、教育等部门所属各类学校的基建支出、支援不发达地区的教育支出、农村扫盲工作等。

（4）农村公共工程。主要指政府办的对农业生产有直接关系的各种农业基本建设项目和农村环境保护工程，包括根治河流、治涝、引水、灌溉等大型水利工程，兴建大型水利枢纽，农业生产和农产品流通的重点基础设施及商品粮基地建设，退耕还林还草工程等。

（5）农村公共卫生。农村公共卫生、计划生育、传染病控制等医疗服务及农村基本医疗服务网络建设等。

（6）农村安全服务。维护生产、生活秩序正常进行的公安、司法、检察等公共安全服务。

5. 财政与民生有什么关系？

现代意义上的民生概念有广义和狭义之分。广义上的民生概念是指凡是同民生有关的，包括直接相关和间接相关的事情都属于民生范围内的事情。广义上的民生概念几乎可以延伸到经济、社会、政治、文化等任一领域。由于广义上的民生概念所包括的内容过于庞大，所涉及的面过于宽泛，同具体政策层面上的民生问题难以吻合，难以把握，所以，在具体政策和实际生活领域，人们一般不使用广义上的民生概念。

狭义上的民生概念主要是从社会层面上着眼的。民生主要是指民众的基本生存和生活状态，以及民众的基本发展机会、基本发展能力和基本权益保护的状况，等等。狭义上的民生概念相对来说比较准确，也容易把握，容易同具体层面上的民生政策吻合。我们平时所使用的民生概念一般都是狭义的民生概念。

从人权角度看，就是人的全部生存权和普遍发展权。从需求角度看，民生是指与实现人的生存权利有关的全部需求和与实现人的发展权利有关的普遍需求。前者强调的是生存条件，后者追求的是生活质量，即保证生存条件的全部需求和改善生活质量的普遍需求。

相关链接

2010 年中央财政用在与人民群众生活直接相关的教育、医疗卫生、社会保障和就业、保障性住房、文化方面的支出合计 8 920.59 亿元，增长 20.2%。2010 年中央财政用于“三农”的支出合计 8 579.7 亿元，增长 18.3%。其中中央财政支持农业生产支出 3 427.3 亿元，对农民的粮食直补、农资综合补贴、良种补贴、农机购置补贴支出 1 225.9 亿元，促进农村教育、卫生等社会事业发展支出 3 350.3 亿元，农产品储备费用和利息等支出 576.2 亿元。

资料来源：新华网，2011-06-27

6. 财政与农业有什么关系？

农业是我国国民经济的基础，农业情况的好坏，在很大程度上制约着整个国民经济的发展。农业不只是提供人类赖以生存的物质资料和工业原料的产业部门，而且具有环境保护功能的特殊作用；农业的现代化与农业劳动生产率的提高是我国工业化的起点与基础；农业的稳定发展、农业结构的优化与农业生产者收入水平的稳步提高，是国民经济持续、快速和健康发展的基础。从国民经济发展的需要考虑，国家财政每年拨出一定数额的资金支援农业生产的发展，具有重要意义。

农业本身的公共产品的特征要求政府必须对农业进行财政投入。农业固定资产投资，如大型水库和各种排灌工程等大型项目，投资巨大，投资期限长，且投资产生的效益不易分割。农业科研和农技推广与应用，需要耗费大笔资金，而农业科研和农技推广具有“外部经济”特征。农业科研、农技推广、农户教育和培训等对农业发展至关重要的投资也只能由政府来承担。

7. 什么是农村公共服务均等化？

农村公共服务是指为满足农业生产、农民生活所需的具有一定非排他性和非竞争性，兼具物质和非物质形态为表现形式的一项公共产品。均等化是对公共服务的公共性程度提出的要求，公共服务要能公平地满足社会公共需要，使所有社会成员都能享有基本均等的公共服务。其内涵有多种理解，可以指不同地区公众享受公共服务机会的均等，也可以指通过财政手段缩小区域间财政供给能力的差异以实现公共服务供给结果的均等，还可以指不同地区公众承担公共服务的负担水平是均等的。

8. 农村公共服务体系是如何分类的？

（1）纯农村公共服务。具体包括农村基层政府行政服务、农村计划生育服务、农村发展战略研究、农村环境保护、农村发展规划、农业灾害预报、农产品信息系统建设、大江大河治理等。

（2）准农村公共服务。具体包括农村义务教育、农村公共卫生、农村社会保障、农村道路建设、农田改造、农村水利灌溉系统建设、小流域防洪涝设施建设、农业科技成果推广、农田防护林建设等。

也有的将农村公共服务体系分为五个子系统：生活性支持体系、生产性支持体系、发展性支持体系、保障性支持体系、安全性支持体系。

9. 什么是地方财政？

地方财政是各级地方政府财政的总称，是地方政府为实现职能的需要，参与社会产品和国民收入分配所形成的分配关系，是国家财政的重要组成部分。

中华人民共和国行政管理体制分为中央、省（自治区、直辖市）、省辖市（自治州、直辖市辖区）、县（自治县、市、旗）和乡（镇）五级政权，按照一级政权一级财政的原则，地方财政是由省级财政、省辖市级财政、县级财政和乡级财政四级组成。地方财政受各级人民政府领导，同时在业务上受财政部的指导和宏观调控。其主要职责：为国家筹集财政资金；为地方政府实现国家政治经济任务提供财力保证；支持地方经济建设和各项事业的发展；对财政资金的运用进行监督；编制地方各级预算和决算，审查所属各部门、各单位的财务会计预算和决算报表，汇编本地区的总预算草案和决算草案，经同级政府审查后，报立法机构批准，并逐级汇总上报财政部。地方财政有权在国家核定的预算和划分的收支比例范围内，结合本地区的实际和地方财力，对本地区总预算进行统筹安排，适当调剂；有权直接分配和使用本地区的机动财力，如地方预备费、支出结余和预算执行中的超收收入等，用于本地区经济和文化建设事业；有权根据国家统一制定的政策、法令、制度，因地制宜地制定本地区的具体执行办法和实施细则。

10. 什么是乡镇财政？

乡镇财政是地方财政的基层单位。乡镇财政作为国家财政的组成部分和乡镇政府的职能部门，具有不同于其他几级财政的特征。主要表现在：具有宏观分配与微观分配的双重职能；乡镇财政分配涉及面广而零散，各项收支主要是面对广大农村分散的集体经济和千家万户农民，季节性强。

11. 乡镇财政的收支包括哪些？

乡镇财政收入是乡镇政府向所管辖范围内的企事业单位或个人征收的各项税收、各项收入及有关上交的款项，是乡镇政权参与乡镇经济决策、完成国家财政收入、协调国家和农村居民之间经济关系、引导乡镇财力配置和聚集的基本形式。乡镇财政收入由乡镇预算内资金、乡镇预算外资金和乡镇自有资金三部分组成。前两部分属于国家财政资金，第三部分则属于集体财政资金。乡镇预算内资金，是由乡镇管理、纳入国家预算的资金。它是国家预算资金的一个组成部分。乡镇预算内资金主要有农村范围内的各项税收，如乡镇企业所得税等。乡镇预算外资金，是根据国家财政制度规定，不纳入国家预算，由乡镇各部门、企事业单位自收自支的财政资金。可分为乡镇财政管理的预算外资金，乡镇事业、行政单位管理的预算外资金，乡镇国营企业和主管部门管理的预算外资金。乡镇财政管理的预算外资金主要来源有：农牧业税附加、城镇公用事业附加、渔业建设附加、农林特产税附加、其他附加和企业、事业单位上交的收入等。乡镇自有资金是乡镇政府及农村合作经济组织按照国家政策或经乡镇人民代表大会批准，自行筹集和安排的资金。

乡镇财政支出是指乡镇财政部门将上级财政部门拨给的预算资金，在确定的留成的预算内、预算外资金和乡镇自筹资金进行有计划的统一分配，用于完成乡镇政府各项政治经济任务的开支。乡镇财政支出包括乡镇财政预算支出、乡镇财政预算外支出和乡镇自筹资金支出。

二、农村财政收入

1. 什么是财政收入？我国财政收入的结构如何？

财政收入作为一种经济范畴，具有双重的含义，既是一个过程，又是一定量的资金。财政收入作为一个过程，它是财政分配的第一阶段，即政府组织收入，筹集资金阶段；财政收入作为一定量的资金，它是政府通过一定形式和一定渠道集中起来的一些货币资金，即用货币表现的一定量的社会产品价值。

我国财政收入的结构可以从收入形式结构、收入来源结构、收入层级结构和收入地区结构来分析。从收入形式结构来看，税收收入是财政收入的主体，我国在 1984 年完成“利改税”以来，各项税收收入占国家财政总收入的比重一直在 90%以上。非税收入包括国有资产管理收入、债务收入、规费收入、专项收入、事业收入和外事服务收入、罚没收入等。从收入来源结构看，以财政收入来源中的所有制结构为标准，国有经济收入依然是主体，集体经济收入、个体经济收入、私营经济收入、中外合营经济收入或外商独资经济收入等非国有经济收入潜力较大。以财政收入来源中的产业结构为标准，第一产业部门提供的财政收入稳中有降，第二产业部门是财政收入的主体，第三产业部门收入稳中有升。从收入层级结构来看，中央财政收入和地方财政收入总体看来大体相当。当相对于地方的事权而言，地方收入略低。从收入地区结构来看，财政收入的大部分来自于东部地区和中部地区，来自于西部地区的相对较少。

2. 中央财政收入与地方财政收入是如何划分的？二者平衡关系如何？

根据国务院关于实行分税制财政管理体制的决定，按税种划分中央和地方的收入。将维护国家权益、实施宏观调控所必需的税种划为中央税；将同国民经济发展直接相关的主要税种划为中央与地方共享税；将适合地方征管的税种划为地方税，并充实地方税税种，增加地方税收收入。

根据国务院关于实行分税制财政管理体制的规定，我国的税收收入分为中央政府固定收入、地方政府固定收入和中央政府与地方政府共享收入。

（1）中央政府固定收入包括消费税（含进口环节海关代征的部分）、车辆购置税、关税、海关代征的进口环节增值税等。

（2）地方政府固定收入包括城镇土地使用税、

耕地占用税、土地增值税、房产税、车船税、契税、筵席税。

（3）中央政府与地方政府共享收入主要包括：①增值税（不含进口环节由海关代征的部分）。中央政府分享75%，地方政府分享25%。②营业税。铁道部、各银行总行、各保险总公司集中缴纳的部分归中央政府，其余部分归地方政府。③企业所得税。铁道部、各银行总行及海洋石油企业缴纳的部分归中央政府，其余部分中央与地方政府按60%与40%的比例分享。④个人所得税。除储蓄存款利息所得的个人所得税外，其余部分的分享比例与企业所得税相同。⑤资源税。海洋石油企业缴纳的部分归中央政府，其余部分归地方政府。⑥城市维护建设税。铁道部、各银行总行、各保险总公司集中缴纳的部分归中央政府，其余部分归地方政府。⑦印花税。证券交易印花税收入的94%归中央政府，其余6%和其他印花税收入归地方政府。

从财力与事权相匹配的基本原则看来，当前地方政府相对财力不足，因此，应该继续完善中央对省级政府的财政转移支付制度，并不断推进省级以下政府的规范的财政转移支付制度。

3. 什么是税收？其基本特征有哪些？

税收是政府为了满足社会公共需要，凭借政治权力，强制、无偿地取得财政收入的一种形式。理解税收需把握三点：税收是国家取得财政收入的一种重要工具；国家征税凭借的是政治权力；征税的目的是满足社会公共需要。税收具有强制性、无偿性、固定性三个基本特征。

4. 税收与人民生活有什么关系？

改善人民生活是党和国家当前的一项重要任务，也是各级各部门服务的最终目标。税收与社会发展、人民生活息息相关。

（1）税款征收给国家提供了资金保障。社会秩序、公共安全、国家安全有了财力支持，才能保证社会安定，人民生活安居乐业。

（2）税收降低了不同人群的收入差距。调节收入差距是税收的一项非常重要的功能，通过税收制度的合理设计，在保证国家财政收入的足额获取同时，降低不同收入阶层的收入差距，防止贫富分化，使社会更加和谐。

（3）税收收入为社会弱势群体提供补贴，使得他们得到社会保护，满足他们的基本生存需要，这是社会进步的重要标志。

5. 什么是税种？我国现行的税种有哪些？

税种是“税收种类”的简称，实际上是税收制度，更确切的说是实体税收制度的通俗表示方式。构成一个税种的主要因素有纳税人、征税对象、税目、税率、纳税环节、纳税期限、缴纳方法、税收优惠及违章处理等。不同的征税对象是一个税种区别于另一个税种的主要标志，也往往是税种名称的由来。通常可将实体税收制度分为流转税、所得税、资源税、财产税、行为税五大类。但有时由于有些税种兼有两类或多类税的特征，有时也将实体税收制度分为流转税、所得税和其他税类。

我国当前的税种：流转税包括增值税、消费税、营业税、关税；所得税包括企业所得税、个人所得税；其他税类包括资源税、城镇土地使用税、土地增值税、房产税、城市维护建设税、车辆购置税、车船税、印花税、契税、耕地占用税、烟叶税、船舶吨税、固定资产投资方向调节税（从2000年起暂停征收）。

6. 什么是纳税人？

纳税人亦称“纳税义务人”、“课税主体”，是税法上规定的直接负有纳税义务的单位和个人。国家无论课征什么税，纳税人都是税收制度构成的基本要素之一。每种税收都有各自的纳税人。个人所得税，其纳税人是有应税所得的个人，房产税的纳税人是房产的所有者。纳税人包括自然人与法人两种。

自然人纳税人是指具有权利主体资格，能够以自己的名义独立享有财产权利，承担义务并能在法院和仲裁机关起诉、应诉的个人。不论成年人或未成年人，本国人或外国人，均属自然人。法人是指有独立的组织机构和独立支配的财产，能以自己的名义参加民事活动享受权利和承担义务，依法成立的社会组织。在我国，一切享有独立预算的国家机关和事业单位，各种享有独立经费的社会团体，各种实行独立核算的企业等都是法人。法人有依照国家说法纳税的义务，都可以成为纳税人。其中，企业是最主要的纳税人。

7. 什么是扣缴义务人？什么是负税人？

扣缴义务人是代国家征收机关向纳税义务人扣

缴税款或代纳税义务人向国家征收机关缴纳税款的单位和个人。扣缴义务人由税收法规明确加以规定，负有和纳税人同等的法律责任。一般来说，国家征收机关和纳税人直接发生税收征纳关系。但是，在某些特殊情况下，为控制税源、防止偷逃税款和方便征管，需由扣缴义务人代国家扣缴税款或代纳税人缴纳税款。

负税人是指实际负担税款的单位和个人。当税负不能转嫁时，纳税人就是负税人，是税款的实际承受者，如所得税；在税负可以转嫁的情况下，纳税人就不是负税人，二者发生了分离，如流转税。

8. 纳税人、扣缴义务人有哪些权利？

（1）纳税人、扣缴义务人有权向税务机关了解国家税收法律、行政法规的规定以及与纳税程序有关的情况。

（2）纳税人、扣缴义务人有权要求税务机关为纳税人、扣缴义务人的情况保密。税务机关应当为纳税人、扣缴义务人的情况保密。保密是指纳税人、扣缴义务人的商业秘密及个人隐私。纳税人、扣缴义务人的税收违法行为不属于保密范围。

（3）纳税人依法享有申请减税、免税、退税的权利。

（4）纳税人、扣缴义务人对税务机关所做出的决定，享有陈述权、申辩权；依法享有申请行政复议、提起行政诉讼、请求国家赔偿等权利。

（5）纳税人、扣缴义务人有权控告和检举税务机关、税务人员的违法违纪行为。

9. 纳税人、扣缴义务人有哪些义务？

（1）纳税人、扣缴义务人必须依照法律、行政法规的规定缴纳税款、代扣代缴、代收代缴税款。

（2）纳税人、扣缴义务人和其他有关单位应当按照国家有关规定如实向税务机关提供与纳税和代扣代缴、代收代缴税款有关的信息。

（3）纳税人、扣缴义务人和其他有关单位应当接受税务机关依法进行的税务检查。

10. 什么是课税对象、税目、计税依据？

征税对象又称课税对象或税收客体，它是税法规定的征税标的物，简而言之，它是指对什么征税。每一种税都必须首先明确对什么征税，每种税的征税对象是不同的，征税对象既是税种之间相互区别的主要标志，又是确定税种名称的主要依据，它是税收制度的核心要素。

征税对象只是笼统概括地指明了征税的标的物，在实际中，它还需要进一步具体化。征税对象的具体化称为税目。税目是对征税对象规定的具体项目，它规定了征税对象的具体范围，反映了征税的广度。一个征税对象往往包括多个税目，如消费税包括烟、酒、成品油、高档手表等 14 个税目。

计税依据是征税对象在量上的规定。计税依据与征税对象不同，征税对象侧重于从质上规定对什么征税，计税依据侧重于从数量上来计量征税对象。按计量单位的性质可把计税依据分为两大类：一是从量计征，即以征税对象的实物形态如数量、重量、体积、容积、面积等的数量为计税依据来计征。二是从价计征，即以征税对象的价值形态的数量即价值或价格的数量为计税依据来计征。

11. 什么是税率？税率有哪几种？

税率是国家对征税对象征税的比率或数额，表现为单位计税依据所包含的税额。税率是国家税收制度的核心，它反映课税的深度和负担程度。税率的高低是国家根据财政的需要、征税对象的性质和纳税人的负担能力等多种因素综合确定的，它通过税法加以明确规定，是计算税额的尺度。合理的税率水平有利于协调和平衡国家和纳税人以及纳税人之间的利益关系。

税率主要有三种类型：

（1）定额税率。定额税率亦称固定税额，是对征税对象的一定计量单位直接规定一个固定的税额，而不规定征收比例。定额税率是一种古老的税率形式，具有税负固定、计算简便、不受价格变动影响等特点，主要适用于从量计征的税种，缺点是负担不尽合理，因而只适用于特殊的税种，如我国的资源税。定额税率有三种形式：地区差别定额税率、幅度定额税率、分类分级定额税率。

（2）比例税率。比例税率是按计税依据对征税对象规定一个固定的征税比率。比例税率不随征税对象数额大小而改变，无论征税对象数额大小，一律按固定比例征收税额。实行比例税率，同一征税对象中不同的纳税人税负相同，它具有负担稳定、计算简便、利于征管的优点，但不能体现对负担能力大者多征、负担能力小者少征的量能纳税原则，在税收负担上具有累退性质，收入越高负担越轻。比例税率的具体形式有：单一比例税率、差别比例税率、幅度比例税率。

（3）累进税率。累进税率是根据征税对象数额的大小，划分若干等级，每个等级由低到高规定相应的税率，征税对象数额越大，税率越高，即税率水平随征税对象数量的增加而递增。累进税率具有税负相对合理、适应性强、灵活性大等特点。它一般适用于对所得和财产课税。由于计算方法不同，累进税率可分为全额累进税率、超额累进税率、超率累进税率。

12. 税款征收方式有哪些？

税款征收方式是指税务机关根据各税种的不同特点、征纳双方的具体条件而确定的计算征收税款的方法和形式。税款征收的方式主要有：

（1）查账征收。查账征收是指税务机关按照纳税人提供的账表所反映的经营情况，依照适用税率计算缴纳税款的方式。这种方式一般适用于财务会计制度较为健全，能够认真履行纳税义务的纳税单位。

（2）查定征收。查定征收是指税务机关根据纳税人的从业人员、生产设备、采用原材料等因素，对其产制的应税产品查实核定产量、销售额并据以征收税款的方式。这种方式一般适用于账册不够健全，但是能够控制原材料或进销货的纳税单位。

（3）查验征收。查验征收是指税务机关对纳税人应税商品，通过查验数量，按市场一般销售单价计算其销售收入并据以征税的方式。这种方式一般适用于经营品种比较单一，经营地点、时间和商品来源不固定的纳税单位。

（4）定期定额征收。定期定额征收是指税务机关通过典型调查，逐户确定营业额和所得额并据以征税的方式。这种方式一般适用于无完整考核依据的小型纳税单位。

（5）委托代征税款。委托代征税款是指税务机关委托代征人以税务机关的名义征收税款，并将税款缴入国库的方式。这种方式一般适用于小额、零散税源的征收。

（6）邮寄纳税。邮寄纳税是一种新的纳税方式。这种方式主要适用于那些有能力按期纳税，但采用其他方式纳税又不方便的纳税人。

（7）其他方式。如利用网络申报、用IC卡纳税等方式。

13. 农民专业合作社可以享受哪些税收优惠政策？

《财政部、国家税务总局关于农民专业合作社有关税收政策的通知》（财税［2008］81号）规定：对农民专业合作社销售本社成员生产的农业产品，视同农业生产者销售自产农业产品免征增值税；增值税一般纳税人从农民专业合作社购进的免税农业产品，可按13%的扣除率计算抵扣增值税进项税额；对农民专业合作社向本社成员销售的农膜、种子、种苗、化肥、农药、农机，免征增值税。对农民专业合作社与本社成员签订的农业产品和农业生产资料购销合同，免征印花税。

《中华人民共和国企业所得税法实施条例》（2008年1月1日起施行）第86条规定，企业所得税法第27条第1项规定的企业从事农、林、牧、渔业项目的所得，可以免征、减征企业所得税，是指：

（1）企业从事下列项目的所得，免征企业所得税：①蔬菜、谷物、薯类、油料、豆类、棉花、麻

类、糖料、水果、坚果的种植；②农作物新品种的选育；③中药材的种植；④林木的培育和种植；⑤牲畜、家禽的饲养；⑥林产品的采集；⑦灌溉、农产品初加工、兽医、农技推广、农机作业和维修等农、林、牧、渔服务业项目；⑧远洋捕捞。

（2）企业从事下列项目的所得，减半征收企业所得税：①花卉、茶以及其他饮料作物和香料作物的种植；②海水养殖、内陆养殖。按照财政部对全国人大代表有关建议的答复（财农便［2009］201号），农民专业合作社参照企业所得税法关于一般企业的规定，享受企业所得税的减免政策。

《中华人民共和国营业税暂行条例》（2009年1月1日起施行）第8条第五款规定：农业机耕、排灌、病虫害防治、植物保护、农牧保险以及相关技术培训业务，家禽、牲畜、水生动物的配种和疾病防治，免征营业税。按照财政部对全国人大代表有关建议的答复（财农便［2009］201号），农民专业合作社参照营业税暂行条例等关于一般企业的规定，享受营业税的减免政策。

14. 农业产业化国家重点龙头企业可以享受哪些税收优惠政策？

农业产业化国家重点龙头企业是指以农产品加工或流通为主业，通过各种利益联结机制与农户相联系，带动农户进入市场，使农产品生产、加工、销售有机结合、相互促进，在规模和经营指标上达到规定标准并经全国农业产业化联席会议认定的企业。对符合下列条件的企业，暂免征收企业所得税：①经过全国农业产业化联席会议审查认定为重点龙头企业；②生产经营期间符合《农业产业化国家重点龙头企业认定及运行监测管理暂行办法》的规定；③从事种植业、养殖业和农林产品初加工，并与其他业务分别核算。

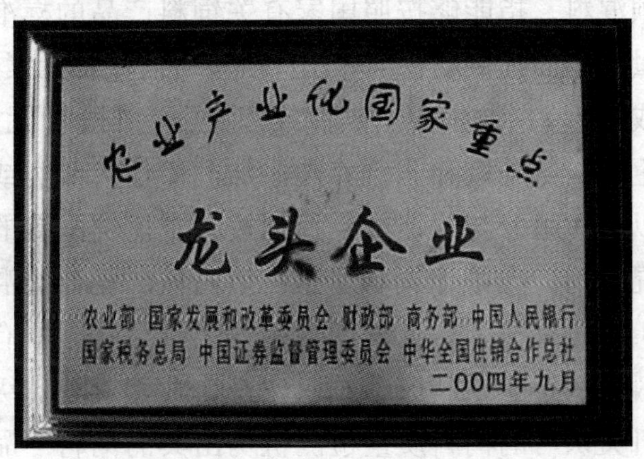

15. 国家关于农业生产资料方面的税收优惠政策有哪些?

（1）饲料。免税饲料产品范围包括：①单一大宗饲料。指以一种动物、植物、微生物或矿物质为来源的产品或其副产品。其范围仅限于糠麸、酒糟、鱼粉、草饲料、饲料级磷酸氢钙及除豆粕以外的菜子粕、棉子粕、向日葵粕、花生粕等粕类产品。②混合饲料。指由两种以上单一大宗饲料、粮食、粮食副产品及饲料添加剂按照一定比例配置，其中单一大宗饲料、粮食及粮食副产品的掺兑比例不低于95%的饲料。③配合饲料。指根据不同的饲养对象、饲养对象的不同生长发育阶段的营养需要，将多种饲料原料按饲料配方经工业生产后，形成的能满足饲养动物全部营养需要（除水分外）的饲料。④复合预混料。指能够按照国家有关饲料产品的标准要求量，全面提供动物饲养相应阶段所需微量元素（4种或以上）、维生素（8种或以上），由微量元素、维生素、氨基酸和非营养性添加剂中任何两类或两类以上的组分与载体或稀释剂按一定比例配置的均匀混合物。⑤浓缩饲料。指由蛋白质、复合预混料及矿物质等按一定比例配制的均匀混合物。原有的饲料生产企业及新办的饲料生产企业，应凭省级税务机关认可的饲料质量检测机构出具的饲料产品合格证明，向所在地主管税务机关提出免税申请，经省级国家税务局审核批准后，由企业所在地主管税务机关办理免征增值税手续。饲料生产企业饲料产品需检测品种由省级税务机关根据本地区的具体情况确定。⑥饲用鱼油是鱼粉生产过程中的副产品，主要用于水产养殖和肉鸡饲养，属于单一大宗饲料。

经研究，自 2003 年 1 月 1 日起，对饲用鱼油产品按照现行“单一大宗饲料”的增值税政策规定，免予征收增值税。

（2）其他农业生产资料。下列货物免征增值税：农膜；生产销售的除尿素以外的氮肥，除磷酸二铵以外的磷肥、钾肥以及以免税化肥为主要原料的复混肥；批发和零售的种子、种苗、化肥、农药、农机。

16. 增值税的纳税人是怎样规定的？

根据《增值税暂行条例》的规定，凡在中华人民共和国境内销售或者进口货物、提供应税劳务的单位和个人都是增值税纳税义务人。单位，是指企业、行政单位、事业单位、军事单位、社会团体及其他单位。个人，是指个体工商户和其他个人。单位租赁或者承包给其他单位或者个人经营的，以承租人或者承包人为纳税人。

为了简化增值税计算和征收，减少征管漏洞，将增值税纳税人按会计核算水平和经营规模分为一般纳税人和小规模纳税人两类纳税人。

一般纳税人是指年应征增值税销售额（以下简称年应税销售额，包括一个公历年度内的全部应税销售额）超过《增值税暂行条例实施细则》规定的小规模纳税人标准的企业和企业性单位（以下简称企业)。

下列纳税人不属于一般纳税人：年应税销售额未超过小规模纳税人标准的企业（以下简称小规模企业）、个人（除个体经营者以外的其他个人）、非企业性单位、不经常发生增值税应税行为的企业。

小规模纳税人是指年销售额在规定标准以下，并且会计核算不健全，不能按规定报送有关税务资料的增值税纳税人。根据《增值税暂行条例》及《增值税暂行条例实施细则》的规定，小规模纳税人的认定标准是：从事货物生产或者提供应税劳务的纳税人，以及以从事货物生产或者供应税劳务为主，并兼营货物批发或者零售的纳税人，年应征增值税销售额（以下简称应税销售额）在50万元以下的；"以从事货物生产或者提供应税劳务为主"是指纳税人的年货物生产或者提供应税劳务的销售额占年应税销售额的比重在50％以上；对上述规定以外的纳税人，年应税销售额在80万元以下的；年应税销售额超过小规模纳税人标准的其他个人按小规模纳税人纳税；非企业性单位、不经常发生应税行为的企业可选择按小规模纳税人纳税。

17. 现行增值税对"三农"的优惠有哪些？

2009年1月1日起，《中华人民共和国增值税暂行条例》（国务院令第538号）及其《中华人民共和国增值税暂行条例实施细则》（财政部、国家税务总局令50号）正式实施。对农业方面的税收优惠政策在原有的基础上进行了重新明确：对农业生产者销售的自产农产品免征增值税。所称农业，是指种植业、养殖业、林业、牧业、水产业；农业生产者，包括从事农业生产的单位和个人。农产品，是指初级农产品，具体范围由财政部、国家税务总局确定。2009年1月19日，《财政部、国家税务总局关于部分货物适用增值税低税率和简易办法征收增值税政策的通知（财税［2009］9号）对减免的“农产品”进一步进行了明确：农产品，是指种植业、养殖业、林业、牧业、水产业生产的各种植物、动物的初级产品，具体征税范围暂继续按照《财政部、国家税务总局关于印发〈农业产品征税范围注释〉的通知》（财税字［1995］52号）及现行相关规定执行。

另外按照《财政部、国家税务总局关于资源综合利用及其他产品增值税政策的通知》（财税［2008］156号）的规定，对销售自产的综合利用生物柴油实行增值税先征后退政策。所称综合利用生物柴油，是指以废弃的动物油和植物油为原料生产的柴油。废弃的动物油和植物油用量占生产原料的比重不低于70％。

《财政部、国家税务总局关于农民专业合作社有关税收政策的通知》（财税［2008］81 号）规定：对依照《中华人民共和国农民专业合作社法》规定设立和登记的农民专业合作社销售本社成员生产的农业产品，视同农业生产者销售自产农业产品免征增值税；增值税一般纳税人从农民专业合作社购进的免税农业产品，可按 13％的扣除率计算抵扣增值税进项税额；对农民专业合作社向本社成员销售的农膜、种子、种苗、化肥、农药、农机，免征增值税。

2008 年 4 月 29 日，《财政部、国家税务总局关于有机肥产品免征增值税的通知》（财税［2008］56 号）规定：自 6 月 1 日起，纳税人生产销售和批发、零售有机肥产品（包括有机肥料、有机—无机复混肥料和生物有机肥）免征增值税。

18. 现行营业税对农业的优惠有哪些？

根据《中华人民共和国营业税暂行条例》和《中华人民共和国营业税实施细则》相关条款规定，农业机耕、排灌、病虫害防治、植保、农牧保险以及相关技术培训业务，家禽、牲畜、水生动物的配种和疾病防治业务，免征营业税。其中农业机耕是指在农业、林业、牧业中使用的农业机械进行耕作（包括耕耘、种植、收割、脱粒、植保等）业务；排灌是指对农田进行灌溉或者排涝的业务；病虫害防治是指从事农业、林业、牧业、渔业的病虫害测报和防治的业务；农牧保险是指为种植业、养殖业、牧业、种植和饲养的动植物提供的保险；相关的技术培训是指与农业机耕、排灌、病虫害防治、植保业务相关以及为使农民获得农牧保险的技术培训业务。家禽、牲畜、水生动物的配种和疾病防治业务的免税范围包括与该项劳务有关的提供药品和医疗用具的业务。

另外，转让无形资产和提供技术服务税收优惠政策包括：将土地使用权转让或出租给农业生产者用于农业生产的，免征营业税；农村、农场将土地承包（出租）给个人或公司用于农业生产，收取的固定承包金（租金），免征营业税。

19. 个体工商户如何缴纳个人所得税？

个体工商户的生产、经营所得，以每一纳税年度的收入总额，减除成本、费用以及损失后的余额，为应纳税所得额。成本、费用，是指纳税义务人从事生产、经营所发生的各项直接支出和分配计入成本的间接费用以及销售费用、管理费用、财务费用；损失，是指纳税义务人在生产、经营过程中发生的各项营业外支出。

个体工商户的生产、经营所得应纳税额的计算公式为：

应纳税额＝应纳税所得额×适用税率－速算扣除数

或＝（全年收入总额－成本、费用以及损失）×适用税率－速算扣除数

个体工商户、承包户的生产、经营所得适用的速算扣除数表

级数	全年应纳税所得额	税率（%）	速算扣除数
1	不超过15 000元的	5	0
2	超过15 000～30 000元的部分	10	750
3	超过30 000～60 000元的部分	20	3 750
4	超过60 000～100 000元的部分	30	9 750
5	超过100 000元的部分	35	14 750

相关链接

对个体工商户个人所得税计算征收的有关规定

自2011年9月1日起，个体工商户业主的费用扣除标准统一确定为42 000元/年，即3 500元/月；个体工商户向其从业人员实际支付的合理的工资、薪金支出，允许在税前据实扣除；个体工商户拨缴的工会经费、发生的职工福利费、职工教育经费支出分别在工资薪金总额2%、14%、2.5%的标准内据实扣除；个体工商户每一纳税年度发生的广告费和业务宣传费用不超过当年销售(营业)收入15%的部分，可据实扣除；超过部分，准予在以后纳税年度结转扣除；个体工商户每一纳税年度发生的与

其生产经营业务直接相关的业务招待费支出，按照发生额的60%扣除，但最高不得超过当年销售(营业)收入的5‰；个体工商户在生产、经营期间借款利息支出，凡有合法证明的，不高于按金融机构同类、同期贷款利率计算的数额的部分，准予扣除；个体工商户或个人专营种植业、养殖业、饲养业、捕捞业，应对其所得计征个人所得税。兼营上述四业并且四业的所得单独核算的，对属于征收个人所得税的，应与其他行业的生产、经营所得合并计征个人所得税；对于上述四业的所得不能单独核算的，应就其全部所得计征个人所得税；个体工商户和从事生产、经营的个人，取得与生产、经营活动无关的各项应税所得，应分别适用各应税项目的规定计算征收个人所得税。

20. 个人承包、承租企业、事业单位缴纳个人所得税吗？

对企事业单位的承包经营、承租经营所得，是指个人承包经营或承租经营以及转包、转租取得的所得。承包项目可分多种，如生产经营、采购、销售、建筑安装等各种承包。转包包括全部转包或部分转包。对企事业单位的承包经营、承租经营所得，以每一纳税年度的收入总额，减除必要费用后的余额，为应纳税所得额。每一纳税年度的收入总额，是指纳税义务人按照承包经营、承租经营合同规定分得的经营利润和工资、薪金性质的所得；所说的减除必要费用，是指按月减除3 500元。

对企事业单位的承包经营、承租经营所得，其个人所得税应纳税额的计算公式为：

应纳税额＝应纳税所得额×适用税率－速算扣除数

或＝（纳税年度收入总额－必要费用）×适用税率－速算扣除数

案　例

某人承包一企业，按照承包合同规定，该人的利润分享比例为 50%，其每月工资 5 000 元，当年获得利润 100 万元，其应纳个人所得税为：

应纳税额 =（100 × 50% + 5 000 × 12 ÷ 10 000 − 3 500 × 12 ÷ 10 000）× 35 % − 14 750 ÷ 10 000= 16.665（万元）

21. 企业所得税的纳税人是如何规定的？

在中华人民共和国境内的企业、事业单位、社会团体以及其他取得收入的组织（以下统称企业）为企业所得税的纳税人。

企业分为居民企业和非居民企业。居民企业，是指依法在中国境内成立，或者依照外国（地区）法律成立但实际管理机构在中国境内的企业。非居民企业，是指依照外国（地区）法律成立且实际管理机构不在中国境内，但在中国境内设立机构、场所的，或者在中国境内未设立机构、场所，但有来源于中国境内所得的企业。居民企业应当就其来源于中国境内、境外的所得缴纳企业所得税，其中，实际管理机构是指对企业的生产经营、人员、账务、财产等实施实质性全面管理和控制的机构。非居民企业在中国境内设立机构、场所的，应当就其所设机构、场所取得的来源于中国境内的所得，以及发生在中国境外但与其所设机构、场所有实际联系的所得，缴纳企业所得税。非居民企业在中国境内未设立机构、场所的，或者虽设立机构、场所但取得的所得与其所设机构、场所没有实际联系的，应当就其来源于中国境内的所得缴纳企业所得税。其中，机构、场所，是指在中国境内从事生产经营活动的机构、场所，包括：①管理机构、营业机构、办事机构；②工厂、农场、开采自然资源的场所；③提供劳务的场所；④从事建筑、安装、装配、修理、勘探等工程作业的场所；⑤其他从事生产经营活动的机构、场所。

22. 企业的哪些收入为不征企业所得税的收入？

（1）国债利息收入。为鼓励企业积极购买国债，支援国家建设项目，税法规定，企业因购买国债所得的利息收入，免征企业所得税。

（2）符合条件的居民企业之间的股息、红利等权益性收益。是指居民企业直接投资于其他居民企业取得的投资收益。

（3）在中国境内设立机构、场所的非居民企业从居民企业取得与该机构、场所有实际联系的股息、红利等权益性投资收益。该收益不包括连续持有居民企业公开发行并上市流通的股票不足12个月取得的投资收益。

（4）符合条件的非营利组织的收入。符合条件的非营利组织是指：依法履行非营利组织登记手续；从事公益性或者非营利性活动；取得的收入除用于与该组织有关的、合理的支出外，全部用于登记核定或者章程规定的公益性或者非营利性事业；财产及其孳生息不用于分配；按照登记核定或者章程规定，该组织注销后的剩余财产用于公益性或者非营利性目的，或者由登记管理机关转赠给予该组织性质、宗旨相同的组织，并向社会公告；投入人对投入该组织的财产不保留或者享有任何财产权利；工作人员工资福利开支控制在规定的比例内，不变相分配该组织的财产；国务院财政、税务主管部门规定的其他条件。

23. 企业的哪些收入为免征企业所得税的收入

（1）财政拨款。是指各级人民政府对纳入预算管理的事业单位、社会团体等组织拨付的财政资金，但国务院和国务院财政、税务主管部门另有规定的除外。

（2）依法收取并纳入财政管理的行政事业性收费、政府性基金。是指依照法律法规等有关规定，按照国务院规定程序批准，在实施社会公共管理，以及在向公民、法人或者其他组织提供特定公共服务过程中，向特定对象收取并纳入财政管理的费用。政府性基金，是指企业依照法律、行政法规等有关规定，代政府收取的具有专项用途的财政资金。具体规定如下：企业按照规定缴纳的、由国务院或财政部批准设立的政府性基金以及由国务院和省、自治区、直辖市人民政府及其财政、价格主管部门批准设立的行政事业性收费，准予在计算应纳税所得额时扣除；企业收取的各种基金、收费，应计入企业当年收入总额；对企业依照法律、法规及国务院有关规定收取并上缴财政的政府性基金和行政事业性收费，准予作为不征税收入，于上缴财政的当年在计算应纳税所得额时从收入总额中减除；未上缴财政的部分，不得从收入总额中减除。

（3）国务院规定的其他不征税收入。是指企业取得的，由国务院财政、税务主管部门规定专项用途并经国务院批准的财政性资金。财政性资金，是指企业取得的来源于政府及其有关部门的财政补助、补贴、贷款贴息，以及其他各类财政专项资金，包括应减免的增值税和即征即退、先征后退、先征后返的各种税收。但不包括企业按规定取得的出口退税款。企业取得的各类财政性资金，除属于国家投资和资金使用后要求归还本金的以外，均应计入企业当年收入总额。同家投资是指国家以投资者身份投入企业，并按有关规定相应增加企业实收资本（股本）的直接投资。对企业取得的由国务院财政、税务主管部门规定专项用途并经国务院批准的财政性资金，准予作为不征税收入，在计算应纳税所得额时从收入总额中减除。纳入预算管理的事业单位、社会团体等组织按照核定的预算和经费报领关系收到的由财政部门或上级单位拨入的财政补助收入，准予作为不征税收入，在计算应纳税所得额时从收入总额中减除，但国务院和国务院财政、税务部门另有规定的除外。

24. 免征、减半企业所得税的农、林、牧、渔业项目所得项目包括哪些？

企业从事下列项目的所得，免征企业所得税：①蔬菜、谷物、薯类、油料、豆类、棉花、麻类、糖料、水果、坚果的种植。②农作物新品种的选育。③中药材的种植。④林木的培育和种植。⑤牲畜、家禽的饲养。⑥林产品的采集。⑦灌溉、农产品初加工、兽医、农技推广、农机作业和维修等农、林、牧、渔服务业项目。⑧远洋捕捞。

企业从事下列项目的所得，减半征收企业所得税：①花卉、茶以及其他饮料作物和香料作物的种植。②海水养殖、内陆养殖。

25. 享受税收优惠的小型微利企业的标准是什么？

小型微利企业减按 20%的所得税税率征收企业所得税。小型微利企业的条件如下：

（1）工业企业，年度应纳税所得额不超过 30 万元，从业人数不超过 100 人，资产总额不超过 3 000 万元。

（2）其他企业，年度应纳税所得额不超过 30 万元，从业人数不超过 80 人，资产总额不超过 1 000 万元。

上述“从业人数”按企业全年平均从业人数计算，“资产总额”按企业年初和年末的资产总额平均计算。

小型微利企业，是指企业的全部生产经营活动产生的所得均负有我国企业所得税纳税义务的企业。仅就来源于我国所得负有我国纳税义务的非居民企业，不适用上述规定。

26. 享受所得税税收优惠的国家需要重点扶持的高新技术企业的标准是什么？

国家需要重点扶持的高新技术企业减按15%的所得税税率征收企业所得税。国家需要重点扶持的高新技术企业需符合下列条件：

（1）拥有核心自主知识产权。是指在中国境内（不含港、澳、台地区）注册的企业，近3年内通过自主研发、受让、受赠、并购等方式，或通过5年以上的独占许可方式，对其主要产品（服务）的核心技术拥有自主知识产权。

（2）产品（服务）属于《国家重点支持的高新技术领域》规定的范围。

（3）研究开发费用占销售收入的比例不低于规定比例。是指企业为获得科学技术（不包括人文、社会科学）新知识，创造性运用科学技术新知识，或实质性改进技术、产品（服务）而持续进行了研究开发活动，且近3个会计年度的研究开发费用总额占销售收入总额的比例符合如下要求：①最近一年销售收入小于5 000万元的企业，比例不低于6%。②最近一年销售收入5 000万元～20 000万元的企业，比例不低于4%。③最近一年销售收入在20 000万元以上的企业，比例不低于3%。其中，企业在中国境内发生的研究开发费用总额占全部研究开发费用总额的比例不低于 60%。企业注册成立时间不足 3 年的，按实际经营年限计算。

（4）高新技术产品（服务）收入占企业总收入的比例不低于规定比例。是指高新技术产品（服务）收入占企业当年总收入的 60%以上。

（5）科技人员占企业职工总数的比例不低于规定比例。是指具有大学专科以上学历的科技人员占企业当年职工总数的 30%以上，其中研发人员占企业当年职工总数的 10%以上。

（6）高新技术企业认定管理办法规定的其他条件。《国家重点支持的高新技术领域》和高新技术企业认定管理办法由国务院科技、财政、税务主管部门商国务院有关部门制定，报国务院批准后公布施行。

27. 为什么开征耕地占用税？

耕地占用税法是指国家制定的调整耕地占用税征收与缴纳之间权利及义务关系的法律规范。现行耕地占用税法的基本规范，是对占用耕地建房或从事其他非农业建设的单位和个人，就其实际占用的耕地面积征收的一种税，它属于对特定土地资源占用课税。

耕地是土地资源中最重要的组成部分，是农业生产最基本的生产资料。但我国人口众多，耕地资源相对较少，人地矛盾十分突出。因此，我们必须十分注意保护耕地。但是，由于过去长期实行非农业用地无偿使用制度，助长了乱占耕地的行为，浪费了大量的耕地，加剧了地少人多的矛盾。为了遏止并逐步改变这种状况，政府决定开征耕地占用税，运用税收经济杠杆与法律、行政等手段相配合，以便有效地保护耕地。通过开征耕地占用税，使那些占用耕地建房及从事其他非农业建设的单位和个人承担必要的经济责任，有利于政府运用税收经济杠杆调节他们的经济利益，引导他们节约、合理地使用耕地资源。这对于保护国土资源，促进农业可持续发展，以及强化耕地管理、保护农民的切身利益等，都具有十分重要的意义。

28. 耕地占用税的纳税人是如何规定的？

耕地占用税的纳税义务人，是占用耕地建房或从事非农业建设的单位和个人。所称单位，包括国有企业、集体企业、私营企业、股份制企业、外商投资企业、外国企业以及其他企业和事业单位、社会团体、国家机关、军队以及其他单位；所称个人，包括个体工商户以及其他个人。所谓“耕地”是指种植农业作物的土地，包括菜地、园地。其中，园地包括花圃、苗圃、茶园、果园、桑园和其他种植经济林木的土地。占用鱼塘及其他农用土地建房或从事其他非农业建设，也视同占用耕地，必须依法征收耕地占用税。占用已开发从事种植、养殖的滩涂、草场、水面和林地等从事非农业建设，由省、自治区、直辖市本着有利于保护土地资源和生态平衡的原则，结合具体情况确定是否征收耕地占用税。此外，在占用之前三年内属于上述范围的耕地或农用土地，也视为耕地。可见，所有单位和个人，只要占用耕地建房或从事非农业建设就应该缴纳耕地占用税。

29. 耕地占用税的税率是如何规定的？

由于我国地区之间人口和耕地资源的分布极不均衡，有些地区人烟稠密，耕地资源相对匮乏，而有些地区则人烟稀少，耕地资源比较丰富，同时各地区之间的经济发展水平也有很大差异。考虑到地区之间客观条件的差异以及与此相关的税收调节力度和纳税人负担能力方面的不同，耕地占用税在税率设计上采用了地区差别定额税率。税率规定如下：①人均耕地不超过1亩[①]的地区（以县级行政区域为单位，下同），每平方米10～50元；②人均耕地超过1亩但不超过2亩的地区，每平方米8～40元；③人均耕地超过2亩但不超过3亩的地区，每平方米6～30元；④人均耕地超过3亩以上的地区，每平方米5～25元。

经济特区、经济技术开发区和经济发达、人均耕地特别少的地区，适用税额可以适当提高，但最多不得超过上述规定税额的50％。

各省、自治区、直辖市耕地占用税平均税额

地 区	平均税额/平方米（元）
上海	45
北京	40
天津	35
江苏、浙江、福建、广东	30
辽宁、湖北、湖南	25
河北、安徽、江西、山东、河南、重庆、四川	22.5
广西、海南、贵州、云南、陕西	20
山西、吉林、黑龙江	17.5
内蒙古、西藏、甘肃、青海、宁夏、新疆	12.5

① 亩为非法定计量单位，1亩＝1/15公顷。——编者注

30. 为何开征烟叶税？

1983年，根据当时《农业税条例》的规定，国务院发布了《关于对农林特产收入征收农业税的若干规定》，开征农林特产农业税，1994年将其改为农业特产农业税，简称农业特产税。最初设立这一税种的目的，是为了调节粮食作物与经济作物之间的收益水平，避免经济作物占用更多的耕地，以鼓励粮食生产。在特定的历史时期里，农业特产税发挥了积极的作用。

2005年12月29日，十届全国人大常委会第十九次会议决定废止《农业税条例》。农业特产农业税是依据《农业税条例》开征的，取消农业税以后，意味着农业特产税也要同时取消。因此，2006年2月17日，国务院第459号令废止了国务院《关于对农业特产收入征收农业税的规定》。这样，对烟叶征收烟叶特产税也就失去了法律依据。

为了保持政策的连续性，充分兼顾地方利益和有利于烟叶产区可持续发展，国务院决定制定《中华人民共和国烟叶税暂行条例》，开征烟叶税取代原烟叶特产税。因此，开征烟叶税是落实中央取消农业税的工作部署，替代原烟叶农业特产税的一项重要具体举措。

烟叶税的“前身”是农业特产农业税下的“烟叶”子目，过去人们通常将这一税目简称为“烟叶特产税”。国家税务总局有关人士指出，烟叶税与烟叶特产税二者之间最大的不同，就是烟叶特产税仅仅是农业特产农业税下的一项子目，属于农业税范畴，而烟叶税则是一个完全独立的工商税种。

按照国家农村税费改革和税制建设的总体要求，通过征收烟叶税取代原烟叶特产农业税，实现烟叶税制的转变，完善烟草税制体系，保证地方财政收入稳定，引导烟叶种植和烟草行业健康发展。

小贴士

烟农不是烟叶税的纳税人

《中华人民共和国烟叶税暂行条例》明确指出，烟叶税的纳税人为在中华人民共和国境内收购烟叶的单位。因此直接种植烟叶的烟农不是烟叶税的纳税人。

31. 如何计算缴纳烟叶税？

烟叶税的应纳税额按照纳税人收购烟叶的收购金额和20%的税率计算。应纳税额的计算公式为：

应纳税额＝烟叶收购金额×税率

烟叶收购金额包括纳税人支付给烟叶销售者的烟叶收购价款和价外补贴。为简化手续、方便计征，价外补贴统一暂按烟叶收购价的10%计算。

烟叶收购金额＝烟叶收购价款×（1＋10%）

烟叶税由地方税务机关征收。纳税人收购烟叶，应当向烟叶收购地的主管税务机关申报纳税。烟叶税的纳税义务发生时间为纳税人收购烟叶的当天。纳税人应当自纳税义务发生之日起30日内申报纳税。具体纳税期限由主管税务机关核定。

案　例

某烟叶收购者的收购价款是100万元，其应纳的烟叶税是：

应纳税额=100（1+10%）×20%=22（万元）

32. 什么是土地增值税？征税范围是如何规定的？

土地增值税是对有偿转让国有土地使用权及地上建筑物和其他附着物产权，取得增值收入的单位和个人征收的一种税。土地增值税法是指国家制定的用以调整土地增值税征收与缴纳之间权利及义务关系的法律规范。

根据《土地增值税暂行条例》及其实施细则的规定，土地增值税的征税范围包括：

（1）转让国有土地使用权。这里所说的“国有土地”，是指按国家法律规定属于国家所有的土地。

（2）地上的建筑物及其附着物连同国有土地使用权一并转让。这里所说的“地上的建筑物”，是指建于土地上的一切建筑物，包括地上地下的各种附属设施。这里所说的“附着物”，是指附着于土地上的不能移动或一经移动即遭损坏的物品。

因此转让土地的使用权是否为国家所有，是判定是否属于土地增值税征税范围的标准之一。

相关链接

农村土地是否缴纳土地增值税

根据《中华人民共和国宪法》和《中华人民共和国土地管理法》（以下简称《土地管理法》）的规定，城市的土地属于国家所有。农村和城市郊区的土地除由法律规定属于国家所有的以外，属于集体所有。国家为了公共利益，可以依照法律规定对集体土地实行征用，依法被征用后的土地属于国家所有。对于上述法律规定属于国家所有的土地，其土地使用权在转让时，按照《土地增值税暂行条例》规定，属于土地增值税的征税范围。而农村集体所有的土地，根据《土地管理法》、《城市房地产管理法》及国家其他有关规定，是不得自行转让的，只有根据有关法律规定，由国家征用以后变为国家所有时，才能进行转让。故集体土地的自行转让是一种违法行为，应由有关部门来处理。对于目前违法将集体土地转让给其他单位和个人的情况，应在有关部门处理、补办土地征用或出让手续变为国家所有之后，再纳入土地增值税征税范围。

33. 什么是契税?

契税是以在中华人民共和国境内转移土地、房屋权属为课税对象，向产权承受人征收的一种财产税。契税以权属发生转移的土地和房屋为征税对象，具有对财产转移课税性质；契税由财产承受人纳税。一般税种在税制中确定纳税人，都确定销售者为纳税人，即卖方纳税。对买方征税的主要目的，在于承认不动产转移生效，承受人纳税以后，便可拥有转移过来的不动产的产权或使用权，法律保护纳税人的合法权益。

征收契税一方面可以广辟财源，增加地方财政收入。契税按财产转移价值征税，税源较为充足，它可以弥补其他财产课税的不足，扩大其征税范围，为地方政府增加一部分财政收入。随着市场经济的发展和房地产交易的日趋活跃，契税的财政作用将日益显著。另一方面，保护合法产权，避免产权纠纷。不动产所有权和使用权的转移，涉及转让者和承受者双方的利益，而且，由于产权转移形式多种多样，如果产权的合法性得不到确认，事后必然会出现产权纠纷。契税规定对承受人征税，一方面是对承受人财富的调节，另一方面有利于通过法律形式确定产权关系，维护公民的合法利益，避免产权纠纷。

34. 契税纳税人和税率是如何规定的？

契税的纳税人是境内转移土地、房屋权属承受的单位和个人。境内是指中华人民共和国实际税收行政管辖范围内。土地、房屋权属是指土地使用权和房屋所有权。单位是指企业单位、事业单位、国家机关、军事单位和社会团体以及其他组织。个人是指个体经营者及其他个人，包括中国公民和外籍人员。

契税实行3%～5%的幅度税率。实行幅度税率是考虑到我国经济发展的不平衡，各地经济差别较大的实际情况。因此，各省、自治区、直辖市人民政府可以在3%～5%的幅度税率规定范围内，按照本地区的实际情况决定。

35. 在什么情况下应缴纳契税？

(1) 国有土地使用权出让。国有土地使用权出让是指土地使用者向国家交付土地使用权出让费用，国家将国有土地使用权在一定年限内让与土地使用者的行为。

（2）土地使用权的转让。土地使用权的转让是指土地使用者以出售、赠与、交换或者其他方式将土地使用权转移给其他单位和个人的行为。土地使用权的转让不包括农村集体土地承包经营权的转移。

（3）房屋买卖。即以货币为媒介，出卖者向购买者过渡房产所有权的交易行为。以房产抵债或实物交换房屋、以房产作投资或作股权转让和买房拆料或翻建新房，视同买卖房屋，照章征税。

（4）房屋赠与。房屋的赠与是指房屋产权所有人将房屋无偿转让给他人所有。其中，将自己的房屋转交给他人的法人和自然人，称作房屋赠与人；接受他人房屋的法人和自然人，称为受赠人。房屋赠与的前提必须是，产权无纠纷，赠与人和受赠人双方自愿。

（5）房屋交换。房屋交换是指房屋所有者之间互相交换房屋的行为。

（6）承受国有土地使用权支付的土地出让金。对承受国有土地使用权所应支付的土地出让金，要计征契税。不得因减免土地出让金而减免契税。

36. 契税有哪些一般性的优惠政策？

（1）国家机关、事业单位、社会团体、军事单位承受土地、房屋用于办公、教学、医疗、科研和军事设施的，免征契税。

（2）城镇职工按规定第一次购买公有住房，免征契税。

此外，财政部、国家税务总局规定：自2000年11月29日起，对各类公有制单位为解决职工住房而采取集资建房方式建成的普通住房，或由单位购买的普通商品住房，经当地县以上人民政府房改部门批准、按照国家房改政策出售给本单位职工的，如属职工首次购买住房，均可免征契税。自2008年11月1日起对个人首次购买90平方米以下普通住房的，契税税率暂统一下调到1‰。

（3）因不可抗力灭失住房而重新购买住房的，酌情减免。不可抗力是指自然灾害、战争等不能预见、不可避免，并不能克服的客观情况。

（4）土地、房屋被县级以上人民政府征用、占用后，重新承受土地、房屋权属的，由省级人民政府确定是否减免。

（5）承受荒山、荒沟、荒丘、荒滩土地使用权，并用于农、林、牧、渔业生产的，免征契税。

（6）经外交部确认，依照我国有关法律规定以及我国缔结或参加的双边和多边条约或协定，应当予以免税的外国驻华使馆、领事馆、联合国驻华机构及其外交代表、领事官员和其他外交人员承受土地、房屋权属。

37. 房屋附属设施的契税应如何计算?

(1) 采取分期付款方式购买房屋附属设施土地使用权、房屋所有权的，应按合同规定的总价款计征契税。

(2) 承受的房屋附属设施权属如为单独计价的，按照当地确定的适用税率征收契税；如与房屋统一计价的，适用于房屋相同的契税税率。

对于承受与房屋相关的附属设施（包括停车位、汽车库、自行车库、顶层阁楼以及储藏室）所有权或土地使用权的行为，按照契税法律、法规的规定征收契税；对于不涉及土地使用权和房屋所有权转移变动的，不征收契税。

38. 农民的房屋买卖，契税如何征收?

根据《中华人民共和国契税暂行条例》及细则和《中华人民共和国土地管理法》的有关规定：

(1) 农村地区的契税征管，应根据纳税人签订的房屋买卖合同，经负责农民集体所有土地的县级人民政府行政主管部门确认买卖双方交易的合法性后进行税款的征收。

(2) 税务机关停止提供原由财政局印制的《买卖房屋草契》。农村地区的契税纳税人应统一使用

《中华人民共和国契税完税证》。

39. 什么是车船税?

车船税是以车船为征税对象，向拥有车船的单位和个人征收的一种税。

车船税是一种财产税，它的开征，一方面，能够将分散在车船人手中的部分资金集中起来，增加地方财源，增加地方财政收入，另一方面，促使纳税人加强对自己拥有的车船管理和核算，改善资源配置，合理使用车船。另外，作为财产税，车船税的开征还能调节财富差异。

40. 农用机动车辆缴纳车船税吗?

根据《中华人民共和国车船税暂行条例》第3条规定：拖拉机，即在农业（农业机械）部门登记为拖拉机的车辆，免征车船税。

根据《中华人民共和国车船税暂行条例实施细则》第24条规定：条例《车船税税目税额表》中的三轮汽车，是指在车辆管理部门登记为三轮汽车或者三轮农用运输车的机动车。条例《车船税税目税额表》中的低速货车，是指在车辆管理部门登记为低速货车或者四轮农用运输车的机动车。

因此，在车辆管理部门登记的三轮农用运输车和四轮农用运输车应当缴纳车船税。车辆的具体适

用税额由省、自治区、直辖市人民政府在规定的子税目税额幅度内确定。

41. 什么是车辆购置税？

车辆购置税是以在中国境内购置规定车辆为课税对象、在特定的环节向车辆购置税者征收的一种税。就其性质而言，属于直接税的范畴。车辆购置税是 2001 年 1 月 1 日在我国开征的新税种，是在原交通部门收取的车辆购置税附加费的基础上，通过“费改税”方式改革而来的。车辆购置税基本保留了原车辆附加费的特点。

车辆购置税具有专门用途，由中央财政根据国家交通建设投资计划，统筹安排。这种特定目的的税收，可以保证国家财政支出的需要，既有利于统筹合理地安排资金，又有利于保证特定事业和建设支出的需要。

42. 我国有关车辆购置税的减征是如何规定的？

①外国驻华使馆、领事馆和国际组织驻华机构及其外交人员自用车辆免税；②中国人民解放军和中国人民武装警察部队列入军队武器装备订货计划的车辆免税；③设有固定装置的非运输车辆免税；④有国务院规定予以免税或者减税的其他情形的，按照规定免税或减税。

根据现行政策规定，上述“其他情形”的车辆，目前主要有以下几种：防汛部门和森林消防部门用于指挥、检查、调度、报汛（警）、联络的设有固定装置的指定型号的车辆，回国服务的留学人员用现汇购买1辆自用国产小汽车，长期来华定居专家1辆自用小汽车。

43. 农用运输车缴纳车辆购置税吗？

车辆购置税以列举的车辆作为征税对象，未列举的车辆不纳税。其征税范围包括汽车、摩托车、电车、挂车、农用运输车。因此农用运输车的购置应该缴纳车辆购置税。缴纳车辆购置税的农用运输车包括：①三轮农用运输车。柴油发动机，功率不大于7.4千瓦，载重量不大于500千瓦，最高车速不大于40公里/小时的三个车轮的机动车。②四轮农用运输车。柴油发动机，功率不大于 28 千瓦，载重量不大于1 500千克，最高车速不大于 50 公里/小时的四个车轮的机动车。

44. 什么是资源税？

资源税是为调节级差收入对矿产资源的开采行为而征收的一种税。我国现行资源税并未对所有资源征税，而是只对在我国境内从事应税矿产品开采（包括原油、天然气、煤炭、其他非金属矿原矿、黑色金属矿原矿、有色金属矿原矿和盐）和生产盐的单位和个人课征的一种税，属于对自然资源占用课税的范畴。对资源开采课税为当今许多国家广泛采用。我国对资源占用课税的历史至少可以追溯到周代，当时的“山泽之赋”就是对伐木、采矿、狩猎、捕鱼、煮盐等开发、利用自然资源的生产活动课征的赋税。我国历代政府一直延续了对矿产资源等自然资源开发课税的制度。

在当今经济社会条件下，政府对资源开采行为课税的目的除为了获取财政收入外，主要是为了运用税收经济杠杆调节纳税人的收入，为企业间开展公平竞争创造外部条件，并诱导纳税人节约、合理地开发利用自然资源，以促进经济社会可持续发展。

45. 都对哪些资源征收资源税？

资源税包括7大税目，在7个税目下面又设有若干个子目。现行资源税的税目及子目主要是根据资源税应税产品和纳税人开采资源的行业特点设置的。

（1）原油。开采的天然原油征税；人造石油不征税。税额为8～30元/吨。

（2）天然气。专门开采的天然气和与原油同时开采的天然气征税；煤矿生产的天然气暂不征税。税额为2～15元/千立方米。

（3）煤炭。原煤征税；洗煤、选煤和其他煤炭制品不征税。税额为0.3～8元/吨。

（4）其他非金属矿原矿。是指原油、天然气、煤炭和井矿盐以外的非金属矿原矿，包括宝石、金刚石、玉石、膨润土、石墨、石英砂、萤石、重晶石、毒重石、蛭石、长石、氟石、滑石、白云石、硅灰石、凹凸棒石黏土、高岭石土、耐火黏土、云母、大理石、花岗石、石灰石、菱镁矿、天然碱、石膏、硅线石、工业用金刚石、石棉、硫铁矿、自然硫、磷铁矿等。税额为0.5～20元/吨（克拉或者立方米)。

(5) 黑色金属矿原矿。是指纳税人开采后自用、销售的，用于直接入炉冶炼或作为主产品先入选精矿、制造人工矿，再最终入炉冶炼的黑色金属矿石原矿，包括铁矿石、锰矿石和铬矿石。税额为 2～30 元/吨。

(6) 有色金属矿原矿。包括铜矿石、铅锌矿石、铝土矿石、钨矿石、锡矿石、锑矿石、铝矿石、镍矿石、黄金矿石、钒矿石（含石煤钒）等。税额为 0.4～30 元/吨（或立方米挖出量)。

(7) 盐。一是固体盐，包括海盐原盐、湖盐原盐和井矿盐，税率为 10～60 元/吨；二是液体盐（卤水)，是指氯化钠含量达到一定浓度的溶液，是用于生产碱和其他产品的原料，税额为 2～10 元/吨。

未列举名称的其他非金属矿原矿和其他有色金属矿原矿，由省、自治区、直辖市人民政府决定征收或暂缓征收资源税，并报财政部和国家税务总局备案。

46. 什么是印花税？

印花税是以经济活动和经济交往中，书立、领受应税凭证（包括合同、账簿、产权转移数据、权利许可证照等）的行为征收对象征收的一种税。印花税因其采用在应税凭证上粘贴印花税票的方法缴纳税款而得名。印花税最早产生于 1624 年的荷兰，现在已是世界各国普遍开征的一个税种。国务院于 1988 年 8 月发布了《中华人民共和国印花税暂行条例》，自同年 10 月 1 日起施行。

印花税开征有利于增加财政收入、有利于配合和加强经济合同的监督管理、有利于培养公民的纳税意识、有利于维护国家经济权益、有利于配合对其他应纳税种的监督管理。

47. 谁来缴纳印花税？

印花税的纳税义务人，是在中国境内书立、使用、领受印花税法所列举的凭证并应依法履行纳税义务的单位和个人。所称单位和个人，是指国内各类企业、事业、机关、团体、部队以及中外合资企业、合作企业、外资企业、外国公司和其他经济组织及其在华机构等单位和个人。具体包括：

（1）立合同人。立合同人是指对凭证有直接权利义务关系的单位和个人，但不包括合同的担保人、证人、鉴定人。所称合同，是指根据原《中华人民共和国经济合同法》、《中华人民共和国涉外经济合同法》和其他有关合同法规订立的合同。所称具有合同性质的凭证，是指具有合同效力的协议、契约、合约、单据、确认书及其他各种名称的凭证。《中华人民共和国合同法》1999 年 10 月 1 日起施行，《中华人民共和国经济合同法》.《中华人民共和国涉外经济合同法》、《中华人民共和国技术合同法》同时废止。有关合同的法律依据可参考《中华人民共和国合同法》的规定。

（2）立据人。产权转移书据的纳税人是立据人，是指土地、房屋权属转移过程中买卖双方的当事人。

（3）立账簿人。营业账簿的纳税人是立账簿人，指设立并使用营业账簿的单位和个人。

（4）领受人。权利、许可证照的纳税人是领受人。领受人，是指领取或接受并持有该项凭证的单位和个人。

(5) 使用人。在国外书立、领受，但在国内使用的应税凭证，其纳税人是使用人。

(6) 各类电子应税凭证的签订人。即以电子形式签订的各类应税凭证的当事人。

48. 印花税的涉农减免有哪些?

(1) 对国家指定的收购部门与村民委员会、农民个人书立的农副产品收购合同免税。由于我国农副产品种类较多，地区之间差异较大，随着经济发展，国家指定的收购部门也会有所变化，对此印花税法授权省、自治区、直辖市主管税务机关根据当地实际情况，具体划定本地区“收购部门”和“农副产品”的范围。

(2) 对农牧业保险合同免税。对该类合同免税，是为了支持农村保险事业的发展，减轻农牧业生产的负担。

49. 什么是城市维护建设税?

城市维护建设税是对从事工商经营，缴纳增值税、消费税、营业税的单位和个人征收的一种税。城市维护建设税的特点：

(1) 城市维护建设税是特定目的税。一般情况下，税收收入都直接纳入国家预算，由中央和地方政府根据需要，统一安排使用到国家建设和事业发展的各个方面，税法并不规定各个税种收入的具体使用范围和方向。但城市维护建设税有特定目的，其所征税款要用于城市公用事业和公共设施的维护和建设。

（2）城市维护建设税是一种附加税。城市维护建设税是以纳税人实际缴纳的增值税、消费税、营业税税额为计税依据，随“三税”同时征收，其征管方法也完全比照“三税”的有关规定办理。

（3）城市维护建设税根据城镇规模设计税率。城市维护建设税是根据纳税人所在城镇的规模及其资金需要设计的。城镇规模大的，税率高一些；反之，就低一些。纳税人所在地在城市市区的，税率为7%，在县城、建制镇的税率为5%，其他地方为1%。

专家提示

农民也要缴纳城市维护建设税

城建税的纳税义务人，是指负有缴纳增值税、消费税和营业税“三税”义务的单位和个人，包括国有企业、集体企业、私营企业、股份制企业、其他企业和行政单位、事业单位、军事单位、社会团体、其他单位，以及个体工商户及其他个人。因此只要缴纳了增值税、消费税和营业税的单位和个人都应该缴纳城市维护建设税，农民在此也不能例外。

50. 城市维护建设税计征时如何计算？

城建税的计税依据是指纳税人实际缴纳的“三税”税额。纳税人违反“三税”有关税法而加收的滞纳金和罚款，是税务机关对纳税人违法行为的经济制裁，不作为城建税的计税依据，但纳税人在被查补“三税”和被处以罚款时，应同时对其偷漏的城建税进行补税、征收滞纳金和罚款。城建税以“三税”税额为计税依据并同时征收，如果要免征或者减征“三税”，也就要同时免征或者减征城建税。

城建税纳税人的应纳税额大小是由纳税人实际缴纳的“三税”税额决定的，当得到“三税”税额后，按照纳税人所处地区的不同情况选择适用税率。其计算公式为：

应纳税额＝纳税人实际缴纳的增值税、消费税、营业税税额×适用税率

51. 地方教育附加是怎么回事？

教育费附加是以纳税人实际缴纳的增值税、消费税、营业税的税额为计费依据征收的一种教育费附加。教育费附加不是税收，而是一种专项资金。主要用途：发展地方性教育事业，扩大地方教育经费的资金来源。教育费附加率为2%，分别与

增值税、消费税、营业税同时缴纳。对从事生产卷烟和经营烟叶产品的单位，减半征收教育费附加。

地方教育附加征收使用管理。确保基金应收尽收，专项用于发展教育事业，不得从地方教育附加中提取或列支征收或代征手续费。

52. 农民交教育费附加吗？

教育费附加是对缴纳增值税、消费税、营业税的单位和个人，就其实际缴纳的税额为计算依据征收的一种附加费。教育费附加是为加快地方教育事业，扩大地方教育经费的资金而征收的一项专用基金。因此，只要缴纳了增值税、消费税和营业税的单位和个人都应该缴纳教育费附加，农民在此也不能例外。

53. 什么是房产税？

房产税是以房屋为征税对象，按照房屋的计税余值或租金收入，向产权所有人征收的一种财产税。

54. 农民的住房需要交纳房产税吗？

房产税的征税范围是在城市、县城、建制镇和工矿区，不涉及农村。农村的房屋，大部分是农民居住用房，为了不增加农民负担，对农村的房屋没有纳入征税范围。另外，对某些拥有房屋但自身没有纳税能力的单位，如国家拨付行政经费、事业经费和国防经费的单位自用的房产，税法也通过免税的方式将这类房屋排除在征税范围之外。因为这些单位本身没有经营收入，若对其征税，就要相应增加财政拨款，征税也就失去意义。

55. 什么是国债？发行国债的目的是什么？

举债的主体或举债人主要有两类：一是自然人和企业；二是政府。自然人和企业举借的债务称为民间债务或私债。政府举借的债务称公债或国债。国债是整个社会债务的重要组成部分，具体是指政府在国内外发行债券或向外国政府和金融机构借款所形成的国家债务。公债和国债是两个不同的概念。公债指公共债务，包括中央政府和地方政府的债务，而国债专指中央政府的债务。由于我国长期以来不允许地方政府举债，因此，并不严格区分公债和国债。

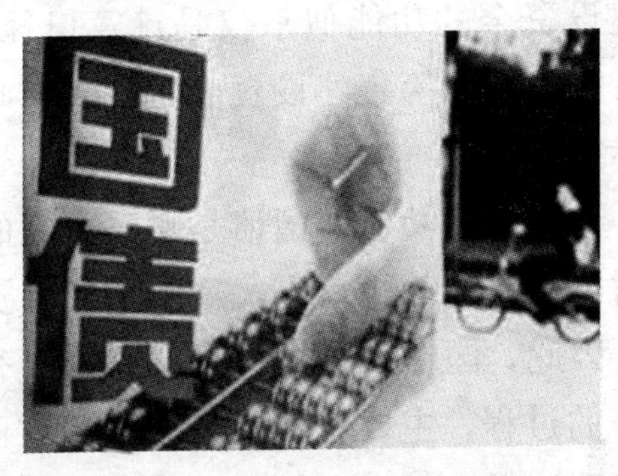

（1）弥补财政赤字。通过发行国债弥补财政赤字、国家平衡预算、解决财政困难是国债产生的直接动因，也是现代国家的普遍做法。当国家财政出现赤字时，可以向银行透支、增加税收、发行国债来弥补。直接向银行透支，大多数是用以解决财政先支后收等暂时性矛盾。但可能有损于货币的正常供给及金融稳定，带来物价上涨、通货膨胀的不良后果。而增加税收的方式，则受到客观经济发展速度和经济效益的制约。而且手续烦琐，也难以被广大纳税人接受。以发行国债的方式弥补财政赤字，既不影响生产的发展，产生的副作用也最小。通过国债弥补财政赤字的功能不能绝对化。一方面，财政赤字过大，最终会导致财政收支的恶性循环。另一方面，社会的闲置资金是有限的，国家集中过多往往降低社会的投资水平和消费水平。

（2）筹集建设资金。国债的弥补财政赤字功能和筹集建设资金的功能似乎仅是计算口径的不同，作为正常收入即为筹集建设资金，计入财政赤字则为弥补赤字。

（3）调节经济功能。国债是财政分配的组成部分，是对国民收入的再分配，反映了社会资源的重新配置。因此，国债的分配过程便是国家有目的地调节经济的过程，主要表现在以下几个方面：调节积累与消费，促进两者比例关系合理化；调节投资结构，促进产业结构优化；调节资金供求和流通中的货币量。

56. 我国国债是如何分类的？

我国的国债主要是从债券形式来划分的，我国发行的国债可分为凭证式国债、无记名（实物）国债和记账式国债三种。

凭证式国债是一种国家储蓄债，可记名、挂失，以“凭证式国债收款凭证”记录债权，不能上市流通，从购买之日起计息。在持有期内，持券人如遇特殊情况需要提取现金，可以到购买网点提前兑取。提前兑取时，除偿还本金外，利息按实际持有天数及相应的利率档次计算，经办机构按兑付本金的2‰收取手续费。

无记名（实物）国债是一种实物债券，以实物券的形式记录债权，面值不等，不记名，不挂失，可上市流通。发行期内，投资者可直接在销售国债机构的柜台购买。在证券交易所设立账户的投资者，可委托证券公司通过交易系统申购。发行期结束后，实物券持有者可在柜台卖出，也可将实物券交证券交易所托管，再通过交易系统卖出。

记账式国债以记账形式记录债权，通过证券交易所的交易系统发行和交易，可以记名、挂失。投资者进行记账式证券买卖，必须在证券交易所设立账户。由于记账式国债的发行和交易均无纸化，所以效率高，成本低，交易安全。

57. 农民如何购买国债？

（1）无记名式国债的购买。投资者可在发行期内到销售无记名式国债的各大银行（包括中国工商银行、中国农业银行、中国建设银行、交通银行等）和证券机构的各个网点，持款填单购买。无记名式国债的面值种类一般为100元、500元、1 000元等。

（2）凭证式国债的购买。凭证式国债发售是通过各大银行的储蓄网点、邮政储蓄部门的网点以及财政部门的国债服务部办理。其网点遍布全国城乡，能够最大限度满足群众购买、兑取需要。投资者购买凭证式国债可在发行期间内持款到各网点填单交款，办理购买事宜。由发行点填制凭证式国债收款凭单，其内容包括购买日期、购买人姓名、购买券种、购买金额、身份证件号码等，填完后交购买者收妥。办理手续和银行定期存款办理手续类似。凭证式国债以百元为起点整数发售，按面值购买。

（3）记账式国债的购买。记账式国债是通过交易所交易系统以记账的方式办理发行。投资者购买记账式国债必须在交易所开立证券账户或国债专用账户，并委托证券机构代理进行。因此，投资者必须拥有证券交易所的证券账户，并在证券经营机构开立资金账户才能购买记账式国债。

58. 我国地方债发展情况如何？

凡属地方政府发行的公债称为地方公债，简称“地方债”，它是作为地方政府筹措财政收入的一种形式而发行的，其收入列入地方政府预算，由地方政府安排调度。20 世纪 80 年代末至 90 年代初，许多地方政府为了筹集资金修路建桥，都曾经发行过地方债券。有的甚至是无息的，以支援国家建设的名义摊派给各单位，更有甚者就直接充当部分工资。1993 年，国务院以地方政府承付的兑现能力有所怀疑为由，不允许发行地方债。1994 年颁布的《中华人民共和国预算法》明确规定“地方各级预算按照量入为出、收支平衡的原则编列，不列赤字”。因此，从严格意义上说，地方政府是不存在收支失衡的，也就是说从财政账面上，是没有财政赤字的。但是，一些地方政府靠借债搞建设，债权落空或者超过还款能力形成的地方政府债务，是对后续财力的透支。这种透支积累到一定程度将引发财政风险。2009 年 3 月 23 日，中国人民银行和中国银监会联合发布《关于进一步加强信贷结构调整促进国民经济平稳较快发展的指导意见》，更是明确提出“支持有条件的地方政府组建投融资平台，发行企业债、中期票据等融资工具，拓宽中央政府投资项目的配套资金融资渠道”。2009 年 2 月 17 日，全国人大发布的《国务院关于安排发行 2009 年地方政府债券的报告》中正式提及了地方政府债券，2 月 28 日财政部下发了《2009 年地方政府债券预算管理办法》，地方债开始进入发行实施阶段。

59. 地方政府发债优点和缺点有哪些？

（1）优点。地方政府发行债券解决了地方政府财政困境。地方政府可以根据地方人大通过的发展规划，更加灵活地筹集资金，解决发展中存在的问题。更主要的是，由于地方政府拥有了自筹资金、自主发展的能力，中央政府与地方政府之间的关系将会更加成熟，地方人大在监督地方政府方面将会有更高的积极性，中国的政治体制将会得到进一步巩固。

（2）缺点。我国《预算法》曾规定：除法律和国务院另有规定外，地方政府不得发行地方政府债券。但由于事实上地方政府的隐性债务客观存在，加上 2008 年以来经济危机影响，使得国家放开了地方政府发债的一些限制。而允许地方政府发债，势必会给地方带来更大的财政风险。

三、农村财政支出

1. 什么是财政支出?

财政支出是政府为提供公共产品和服务，满足社会共同需要而进行的财政资金的支付。主要有：保证国家机器正常运转、维护国家安全、巩固各级政府政权建设的支出；维护社会稳定，提高全民族素质、外部效应巨大的社会公共事业支出；有利于经济环境和生态环境改善，具有巨大外部经济效应的公益性基础设施建设的支出；在市场机制还不完善的条件下，对宏观经济运行进行必要调控的支出等。

知识点

中央财政支出和地方财政支出的范围

中央财政支出范围主要包括：国防、武警经费，外交支出，中央级行政管理费，中央统管的基本建设投资，中央直属企业的技术改造和新产品试制费，地质勘探费，中央安排的农业支出，中央负担的国内外债务的还本付息支出，以及中央负担的公检法支出和文化、教育、卫生、科学等各项事业费支出。

地方财政支出范围主要包括：地方行政管理费，公检法经费，民兵事业费，地方统筹安排的基本建设投资，地方企业的改造和新产品试制经费，农业支出、城市维护和建设经费，地方文化、教育、卫生等各项事业费以及其他支出。

2. 中央财政为缓解县乡财政困难采取了哪些措施？

为了缓解县乡财政困难，促进县乡财政良性运行和可持续发展，近年来中央财政采取了如下政策措施：

(1) 支持和鼓励县乡财政做大经济财政蛋糕。按照科学发展观要求，促进县域经济加快发展；合理划分收入，调动县乡政府发展经济和增加收入的积极性；加强收入征管，增强基层财政实力。

(2) 增加财力性转移支付规模。继续加大财力性转移支付力度，同时清理和规范专项转移支付。

(3) 建立缓解县乡财政困难激励约束机制。引导地方各级政府努力缓解县乡财政困难，管好、用好奖励补助资金。

(4) 创新省对县、县对乡财政管理方式。积极推行“省直管县”改革和“乡财县管”改革。

(5) 不断强化县乡财政管理。明确县乡政府支出责任，合理确定县乡财政支出顺序，强化县乡财政支出管理，积极推进预算管理制度改革。

3. 什么是转移支付？中央对地方转移支付形式有哪些？

转移支付是指各级政府之间为解决财政失衡而通过一定的形式和途径转移财政资金的活动，是用以补充公共物品而提供的一种无偿支出，是政府财政资金单方面的无偿转移，体现的是非市场性的分配关系。

中央对地方的转移支付是指中央政府按照有关法律、财政体制和政策规定，给予地方政府的补助资金。包括一般性转移支付和专项转移支付。

4. 我国有哪些政策性银行？这些银行如何发挥支农作用？

政策性银行指那些由政府创立、参股或保证的，不以营利为目的，专门为贯彻、配合政府社会经济政策或意图，在特定的业务领域内，直接或间接地从事政策性融资活动，充当政府发展经济、促进社会进步、进行宏观经济管理的金融机构。我国的政策性银行包括中国农业发展银行、中国进出口银行和国家开发银行三家。

中国农业发展银行主要通过筹集农业政策性信贷资金、承担国家规定的农业政策性和经批准开办的涉农商业性金融业务、代理财政性支农资金的拨付为农业和农村经济发展服务。中国进出口银行主要通过支持农产品外贸和支持农业设备进口发挥支农作用。国家开发银行主要通过支持农业农村基础设施建设发挥支农作用。

5. 国家对村级公益事业一事一议财政奖补有何政策?

村级公益事业一事一议财政奖补是指对村民通过规范的一事一议筹资筹劳开展村级公益事业建设项目，政府采取以奖代补的方式，给予适当的财政奖补。一事一议财政奖补以推进社会主义新农村建设为目标，以农民自愿出资出劳为基础，以政府奖补资金为引导，以充分发挥基层民主作用为动力，逐步建立筹补结合、多方投入的村级公益事业建设新机制。

奖补因素主要考虑乡村人口、农村劳动力、试点省份规定的一事一议筹资筹劳上限标准、地方财政对村级公益事业建设一事一议奖补金额、地方财力状况等客观因素，并适当向中西部省份倾斜。政府对农民通过一事一议筹资筹劳开展村级公益事业建设按照 1/3 的比例予以补助，所需政府补助资金由地方财政承担 2/3，中央财政通过奖补的方式承担政府补助资金的 1/3，并考虑地方财政困难程度调整确定各地奖补系数。中央财政对地方财政奖补资金的上限，按照规定的当地农民一事一议筹资筹劳上限标准及政府补助比例计算确定。

实施村级公益事业建设一事一议财政奖补政策应遵循以下原则：一是适当奖补，客观公平。村级公益事业建设属于地方事权，为促进村民民主建设，并考虑取消劳动积累工和农村义务工对村级公益事业建设的影响，中央财政在地方财政奖补的基础上，对村级公益事业建设一事一议予以适当支持和奖补，奖补力求客观公平。二是分清责任，建立机制。村级公益事业具有准公共产品的性质，要在划分事权、分清责任、分级负责的基础上开展村级公益事业建设，建立村级公益事业建设的投入分担机制。跨村以及村以上范围的公益事业建设项目投入应主要由各级政府分级负责，由现有的投入渠道解决；村内小型水利、村内道路、环卫设施、植树造林等村民直接受益的公益事业，以村民通过一事一议筹资筹劳和村集体经济组织投入为主，国家适当给予奖补；农民房前屋后的修路、建厕、打井、植树等投资投劳由农民自己负责。三是直接受益，注重实效。一事一议财政奖补项目必须考虑村级集体经济组织、农民和地方财政的承受能力，重点支持农民需求最迫切、反映最强烈、利益最直接的村级公益事业建设项目，适当向贫困村倾斜，提高项目效用，使农民直接受益，防止盲目攀比。

一事一议财政奖补范围主要包括以村民一事一议筹资筹劳为基础、目前支农资金没有覆盖的村内水渠、堰塘、桥涵、机电井、小型提灌或排灌站等小型水利设施，村内道路和户外村内环卫设施、植树造林、村容村貌改造等村级公益事业建设。

为了加强财政奖补资金的管理和使用，确保村级公益事业建设一事一议财政奖补工作的顺利进行。在财政奖补资金的管理和使用中实行资金预拨清算制、报账制和公示制。为支持一事一议项目建设，上级财政可预拨部分奖补资金，实行建设和奖补并行，在项目竣工验收合格后办理清算，多退少补。地方财政要将中央财政安排的奖补资金用于支持村级一事一议建设，不得截留、挪用。项目建设县（市）要按照不同的项目实施主体和项目金额大小，分别实行县级报账制和乡镇报账制，只有在村民筹资、村集体投入、社会捐赠资金到账，具备项目开工条件后，才能由村级提出申请，由县级或乡镇财政部门按工程进度拨付资金。项目实施地区要按照政府信息公开的要求，全面公开一事一议财政奖补的政策标准、实施办法、办事程序和服务承诺。一事一议奖补项目要有村民代表实施项目全程监督和管理。已建成的一事一议奖补项目，乡镇或村民委员会要将项目资金（实物）的安排使用情况向全体村民公示，得到村民认可。

相关链接

2011 年起，一事一议财政奖补工作将在全国所有省（自治区、直辖市）展开。中央财政 2011 年预算安排奖补资金 160 亿元，部分奖补资金已提前拨付到地方，并将根据各地预算执行情况，按程序适当增拨奖补资金。同时努力将政府对农民筹资筹劳的奖补比例提高到 50%以上，中央财政占政府奖补资金的比例提高到 40%，建立一事一议财政奖补资金稳定增长机制。

2011 年 3 月 17 日，财政部会同农业部在北京召开会议，提出在“十二五”期间，各级财政一事一议奖补资金力争累计达到 2 500 亿元以上，使一事一议财政奖补项目覆盖全国所有的行政村，村级基本生产生活条件有较大改善，人居环境有较大改观，基层民主管理水平有较大提高，城乡基本公共服务一体化有较大进展。

6. 什么是家电下乡？家电下乡政策的补贴对象是哪些人？

家电下乡政策是深入贯彻落实科学发展观、积极扩大内需的重要举措，是财政和贸易政策的创新突破。主要内容是顺应农民消费升级的新趋势，运用财政、贸易政策引导和组织，开发、生产适合农村消费特点、性能可靠、质量保证、物美价廉的家电产品，并提供满足农民需求的流通和售后服务；对农民购买纳入补贴范围的家电产品给予一定比例的财政补贴，以激活农民购买能力，扩大农村消费，促进内需和外需协调发展。

家电下乡政策的补贴对象是具有农业户口并购买国家规定的补贴类家电产品的所有人员。家电下乡政策中的农民，是指从事农业、林业、牧业、渔业等工作的农民、牧民、渔民，以及农场、林场和渔场职工。

7. 推广家电下乡的意义是什么？

推广家电下乡对于扩大内需、保持经济平稳较快增长具有重要意义，这是贯彻落实党中央、国务院加强和改善宏观调控决策部署、实施积极财政政策的重要举措。

（1）有利于拉动农村消费。扩大农村需求是扩大国内需求的重点，把农村潜在的巨大消费需求转化为现实购买力，则能为我国日益形成的强大生产

力提供有力支撑，为国民经济提供持久拉动力。抓住当前农村家电普及的有利时机，进一步推广家电下乡，能够直接提高农民消费能力，在更大范围内调动农民购买的积极性，真正把内需特别是农村消费启动起来。

（2）有利于促进行业发展。我国是世界最大的家电生产和出口国，彩电、冰箱、洗衣机、手机产量均居世界第一，出口依存度大。金融危机以来受国际市场影响，出口受阻，行业发展遇到较大困难。推广家电下乡，能够促进家电生产、流通和农民需求的有机对接，有利于消化家电产品过剩产能，为企业调整产品结构、促进行业健康发展拓展空间。

（3）有利于改善民生。推广家电下乡，能够让更多的农民用上性价比高、服务有保障的名牌家电产品，尽早享受到经济社会发展成果。特别是在农村普及彩电和手机，可以丰富农民精神文化生活，帮助农民了解国家政策、获取更多市场信息、学习生产技术，促进农民增收。这是贯彻国家工业反哺农业、城市支持农村的方针，逐步缩小城乡发展差距，实现农村经济社会全面发展的具体体现。

（4）有利于落实节能减排。按照中央建设资源节约型、环境友好型社会，增强可持续发展能力的要求，家电下乡在产品标准中特别强调了节能，使家电下乡产品成为家电节能减排的先导和示范。其中，家电下乡冰箱、冷柜、彩电比市场同类产品节电20%以上，洗衣机能效等级比市场平均水平高2～3个等级。从消费者角度考虑，这也有利于减少农民家电使用成本、减轻农民经济负担。

（5）有利于完善农村生产和流通服务体系。推广家电下乡政策不仅仅是给一些财政支持，一“补”了之，而是通过发挥财政资金的杠杆作用，引导更多的企业关注农村市场，不断建立和完善面向农村的生产、流通和售后服务网络，改变长期以来形成的以单一供给结构面向差别很大的城乡二元结构的状况，实现协调可持续发展。

8. 国家对家电下乡推广工作是如何安排的？

为扩大农村消费，提高农民生活质量，更好地统筹城乡发展及国内外市场，促进社会主义新农村建设，根据国务院领导关于促进家电下乡的指示精神，财政部会同商务部从2007年12月1日开始，在山东、河南、四川、青岛四省（计划单列市）进行了家电下乡试点，即对农民购买彩电、冰箱（冷柜）、手机3类产品，按销售价格13%给予财政补贴。2008年12月1日起，试点范围扩大到内蒙古、辽宁、黑龙江、安徽、山东、河南、湖北、湖南、广西、重庆、四川、陕西等12个省份，补贴产品增加洗衣机。为适应经济形势的变化，进一步扩大国内需求，改善民生，拉动消费带动生产，促进经济平稳较快增长，国务院第36次常务会议决定，在全国推广家电下乡。自2009年2月1日起，余下的19个省份及新疆生产建设兵团全面启动家电下乡工作。同时，又增加了摩托车、电脑、热水器、空调、微波炉、电磁炉6类补贴品种，目前摩托车已经纳入汽车下乡补贴渠道。为保持政策公平，家电下乡在各地区实施的时间统一暂定为4年。山东、青岛、河南、四川等4个省（计划单列市）执行到2011年11月底。内蒙古、辽宁、大连、黑龙江、安徽、湖北、湖南、广西、重庆、陕西等10个省（自治区、直辖市和计划单列市）从2008年12月1日开始，执行到2012年11月底。其余12个省（自治区、直辖市和计划单列市）以及新疆生产建设兵团从2009年2月1日开始，执行到2013年1月底。

9. 怎样识别家电下乡产品？

为了便于农民识别家电下乡产品，商务部、财政部特别制定了家电下乡产品标识。家电下乡产品外包装的正前面（手机的包装应为正上面即顶部）应印制家电下乡中标产品标识及“财政部商务部家电下乡中标产品”字样；洗衣机、彩电、冰箱（冰柜）等产品外包装的左侧面右上角应印制家电下乡产品说明；手机的外包装应在正前面印制家电下乡产品说明；家电下乡产品使用说明书封面左上角应增加家电下乡专用标识及“财政部商务部家电下乡中标产品”字样，右下角粘贴有“家电下乡产品标识卡”。

10. 农民购买家电下乡产品时需要注意的问题有哪些？

农民购买家电下乡产品时应事先了解家电下乡

政策，确认家电下乡产品型号、最高限价和销售网点名单。可查询 www.jdxx.gov.cn，或致电 400-887-3200。

到悬挂有“家电下乡指定店”标牌的销售网点购买家电下乡产品。索要正规税务发票。

购买家电下乡产品开箱时，要注意验证及保存产品标识卡（粘贴在说明书封面上），确定标识卡正确完好后，方可从说明书上取下标识卡，并以此作为申领补贴的重要凭证。无标识卡的产品应拒绝接受。

购买家电下乡产品后，需将标识卡上的卡号、产品编码的条形码和购买人的个人信息告知网点销售人员，进行销售登记以备补贴。

11. 农民购买家电下乡产品后如何领取补贴？

截至目前，我国家电下乡产品补贴的方式和流程主要有以下几种：

（1）农民申领、乡镇财政所审核并兑付方式。

①农民持身份证、户口簿到指定的销售网点购买家电下乡产品。②销售网点销售家电下乡产品后，当场为购买人开具发票。③农民购买家电下乡产品后，即可持产品标识卡、发票、身份证、户口簿、存折（指粮食直补专用存折，没有粮食直补专用存

折的可用其他储蓄存折）到指定的乡镇财政所申领补贴。④乡镇财政所须当场审核农民相关证件及购买资料，并将以下信息录入家电下乡信息管理系统：产品标识卡号、发票号、购买人姓名及身份证号、户口簿号码及户主姓名、存折账号，以及购买人住址和联系方式。录入的存折开户人姓名与购买人或户主姓名必须一致。同时对农民身份进行核查。审核后将农民相关证件当场退还农民。不符合补贴条件的，当场告知农民并做好解释说明工作。符合补贴条件的，将产品标识卡原件及发票复印件留存备查，同时通知指定的金融机构兑付补贴资金。乡镇财政所不能当场在计算机专门系统上录入信息的，应将相关信息先填入纸制表格，再录入信息系统。⑤金融机构收到乡镇财政所兑付通知后，应立即将补贴资金存入购买人储蓄账户，并将兑付情况反馈乡镇财政所，定期与财政所结算。乡镇财政所要及时通知购买人。⑥乡镇财政所审核工作要做到随到随审，金融机构兑付要做到即接即办。从农民提出申请到资金兑付至购买人储蓄账户的时间累计不得超过 3 个工作日。

（2）农民申领、金融机构审核并兑付方式。

①农民持身份证、户口簿、存折到指定的销售网点购买家电下乡产品。②销售网点查验购买人相关证件后，销售家电下乡产品，当场为购买人开具

发票，并录入相关信息。不能当场在计算机专门系统上录入信息的，销售网点应将相关信息填入纸制表格，一式二份，一份由农民交金融机构，一份由销售网点留存，并在农民购买之日起3个工作日内录入计算机专门系统。③农民购买家电下乡产品后，即可持产品标识卡、发票、身份证、户口簿、存折向指定的金融机构申领补贴。销售网点填写纸制表格的，农民应带上纸制表格到金融机构申领补贴。④金融机构应随到随审，包括审核农民相关证件及购买资料，与销售网点申请表格的信息进行准确性核对，对农民身份进行核查。不符合补贴条件的，应当场告知。符合条件的，应当场将补贴资金存入购买人储蓄账户。同时，要将产品标识卡原件及相关复印件、销售网点申请表格汇总整理，定期到指定的乡镇财政所进行结算。⑤乡镇财政所收到金融机构结算材料后，应随到随审，并对金融机构兑付情况进行核查，在此基础上进行补贴资金结算。对不符合补贴条件的，乡镇财政所不得结算，由此发生的损失由金融机构自行承担。结算完毕后，应在计算机专门系统上审核补录补贴信息。

(3) 销售网点代办申领、乡镇财政所审核确认并兑付方式。

①农民持身份证、户口簿、存折到指定的销售网点购买家电下乡产品。补贴资金申领手续由销售

网点代为办理。②销售网点按规定审核农民身份，并将相关信息录入计算机专门系统。开具发票后，负责将产品标识卡原件及发票、身份证、户口簿、存折等证件复印整理，汇总填写家电下乡补贴资金申请表格，向指定的乡镇财政所提交申领补贴资料。销售网点每日销售量在10件以上的，实行当日汇总申报制度。销售量小于10件的，必须在3个工作日内汇总申报。③乡镇财政所接到销售网点申报材料后，应随到随审，包括审核农民相关证件及购买资料，与销售网点申请表格的信息进行准确性核对，对农民身份进行核查。不符合补贴条件的，要请销售网点向农民做好解释说明。符合补贴条件的，将产品标识卡原件、相关复印件留存备查，并立即通知指定的金融机构兑付补贴资金，随后应在计算机专门系统上办理补贴信息审核确认，以便信息系统及时汇总统计。④金融机构收到乡镇财政所兑付通知后，应立即将补贴资金存入购买人储蓄账户，并将兑付情况反馈乡镇财政所，定期与乡镇财政所结算，乡镇财政所要及时通知购买人。

（4）销售网点代办申领、金融机构审核确认并兑付方式。

①农民持身份证、户口簿、存折到指定的销售网点购买家电下乡产品。补贴资金申领手续由销售网点代办。②销售网点按规定审核农民身份，并将

相关信息录入计算机专门系统。开具发票后，负责将产品标识卡原件以及发票、身份证、户口簿、存折等证件复印整理，汇总填写家电下乡补贴资金申请表格，向指定的金融机构提交申领补贴资料。销售网点每日销售量在10件以上的，实行当日汇总申报制度。销售量小于10件的，必须在3个工作日内汇总申报。③金融机构收到销售网点申报材料后，应随到随审。不符合补贴条件的，要请销售网点向农民做好解释说明。符合条件的，应于当日内将补贴资金存入购买人账户，并通知购买人。同时，要将产品标识卡原件及相关复印件汇总整理并填报结算表格，定期到指定的乡镇财政所进行结算。④乡镇财政所收到金融机构结算材料后，应随到随审，并对金融机构兑付情况进行核查，在此基础上进行补贴资金结算。对不符合条件的，乡镇财政所不得结算，由此发生的损失由金融机构自行承担。结算完毕后，应在计算机专门系统上办理补贴信息审核确认。产品标识卡原件必须留存乡镇财政所。

（5）销售网点代办申领并垫付方式。

①农民持身份证及户口簿到指定的销售网点购买家电下乡产品，补贴资金申领手续由销售网点代办，补贴资金由销售网点直接垫付。②销售网点须当场审核农民身份相关证件，销售家电下乡产品后，当场为购买人开具发票，将相关信息录入计算机专

门系统，审核后要将农民相关证件当场退还农民。不符合补贴条件的，当场告知农民并做好解释说明。符合补贴条件的，直接将补贴资金垫付给购买人，并负责将产品标识卡原件以及发票、身份证、户口簿等证件复印整理，即时汇总填写家电下乡补贴资金结算表格，到指定的乡镇财政所办理结算手续。③乡镇财政所收到销售网点结算材料后，应当场审核农民相关证件及购买资料，对农民身份进行核实，对销售网点垫付情况进行审核，在此基础上进行补贴资金结算。产品标识卡原件及相关复印件留存备查。对不符合条件的，乡镇财政所不得结算，由此发生的损失由销售网点自行承担。

符合条件的结算资金，由乡镇财政所通知指定的金融机构将资金拨付到销售网点的账户。乡镇财政所随后应在计算机专门系统上办理补贴信息审核确认。金融机构接到通知后，应立即办理转账手续，并将兑付情况反馈乡镇财政所。

各省（自治区、直辖市）原则上应当从上述5种补贴资金审核兑付方式中选择一种实施。不管采取上述哪种方式，对因银行网络不健全等原因实行“一卡通”、“一折通”方式兑付有困难的，在及时准确完成审核程序与内容，确保资金安全的情况下，财政部门可以直接对购买家电下乡产品的农民发放现金补贴。

12. 家电下乡产品补贴数量限制与补贴标准是什么？

根据现行规定，每户每类家电下乡产品补贴数量不得超过2台（件），按照产品最终销售价格的13%给予补贴。补贴资金由中央财政和省级财政共同负担，其中中央财政负担80%、省级财政负担20%。

13. 什么是家电以旧换新政策？

家电以旧换新是指消费者交售旧家电并购买新家电的行为，家电以旧换新政策是指在国家规定的政策实施期内（暂定为2010年6月1日至2011年12月31日），凡在实施家电以旧换新省份登记注册的法人或具有本省户口的个人将废弃旧家电交售到中标回收企业，并到中标销售企业购买新家电的，可以享受家电补贴；在政策实施期内从购买人手中收购旧家电并交售给指定拆解处理企业进行拆解处理的中标家电回收企业，可享受运费补贴；在政策实施期内对购买人交售的旧家电完成拆解处理的拆解处理企业，可享受拆解处理补贴。在政策实施期内，个人购买新家电的，总量不超过5台；单位购买新家电的，总量不超过50台。购买新家电不受交售旧家电品种对应限制，但交售旧家电与购买新家电的购买人必须一致，已享受“家电下乡”补贴政策的新家电不得重复享受以旧换新补贴。

以旧换新补贴家电产品范围包括电视机、电冰箱（含冰柜）、洗衣机、空调、电脑五大类。

家电补贴标准为新家电销售价格的10%，上限为：电视机400元/台，电冰箱（含冰柜）300元/台，洗衣机250元/台，空调350元/台，电脑400元/台。

运费补贴标准根据回收旧家电类型、规格、运输距离分类分档给予定额补贴，运输距离是指回收企业实际所在地与拆解处理企业实际所在地间的公允距离，具体标准由地方相关主管部门核定并公布；拆解处理补贴根据拆解处理企业实际完成的拆解处理以旧换新旧家电数量给予定额补贴，具体为电视机 15 元/台、电冰箱（含冰柜）20 元/台、洗衣机 5 元/台、电脑 15 元/台，空调不予补贴。

14. 购买家电时家电如何“以旧换新”？

要享受国家的家电以旧换新政策，购买人须将废弃旧家电交售到中标回收企业，并到中标销售企业购买新家电。购买人交售旧家电时，要从回收企业取得国家统一制定的家电以旧换新凭证。回收企业须在以旧换新凭证上注明旧家电的产品品牌、规格、型号、机身序列号、购买人姓名及身份证件号等信息。

购买人购买新家电时可凭家电以旧换新凭证直接向中标销售企业申报家电补贴，销售企业予以审核。对符合补贴条件的，销售企业按销售价格向购买人开具发票，指导购买人填写《家电以旧换新（家电）补贴资金申报表》，当场兑付补贴资金，按照新家电的正常销售价格减去补贴后的金额收取货款。

15. 什么是摩托车下乡政策？

为提高农民购买能力，加快农村消费升级，促进汽车摩托车产业结构优化升级，经国务院批准，财政部、发改委等七部门联合印发了《汽车摩托车下乡实施方案》，正式在全国启动实施汽车摩托车下乡政策。其中汽车下乡政策已于2010年12月31日执行完毕。摩托车下乡政策是指对农民购买摩托车按销售价格的13%给予补贴，单价5 000元以上的，每辆定额补贴650元。每户农民限购两辆享受补贴的摩托车，政策实施期限为2009年2月1日至2013年1月31日。补贴资金由中央财政和省级财政共同负担，其中中央财政负担80%、省级财政负担20%。新疆、内蒙古、宁夏、西藏、广西等5个少数民族自治区以及国家确定的“5.12汶川地震”51个重灾县，地方财政应负担的补贴资金由中央财政全额承担。

购买摩托车的农民，向户口所在地乡镇财政部门申报补贴资金，申报时需提供以下材料：公安交通管理部门出具的机动车行驶证或机动车登记证书，机动车销售发票，购买人本人的居民身份证、户口簿或公安部门出具的户籍证明，购买人储蓄存折（可以用粮食直补专用存折）。

补贴资金实行“乡级审核、乡级兑付”或“乡级审核、县级兑付”。在确保财政资金安全的情况下，尽量采取“乡级审核、乡级兑付”方式，乡镇财政部门对农民申报材料进行审核后，符合补贴要求的，应当在购买人提出申请的15个工作日内将补贴资金直接拨付到购买人储蓄存折账户；不符合补贴要求的，应在购买人申报时立即告知当事人。采取“乡级审核、县级兑付”方式的，乡镇财政部门对农民申报材料进行审核后，符合补贴要求的，报送县级财政部门；不符合补贴要求的，应在购买人申报时立即告知当事人；县级财政部门应当在购买人提出申请的 15 个工作日内将补贴资金直接拨付到购买人储蓄存折账户。

16. 什么是农作物良种补贴？

农作物良种补贴是指国家对农民选用优质农作物品种而给予的补贴。目的是支持农民积极使用优良作物种子，提高良种覆盖率，增加主要农产品特别是粮食的产量，改善产品品质，推进农业区域化布局、规模化种植、标准化管理和产业化经营。

中央财政从 2002 年起设立良种补贴专项资金，对农民购买良种进行补贴。补贴对象为在生产中使用农作物良种的农民（含农场职工）。补贴范围是水稻、小麦、玉米、棉花良种补贴在全国 31 个省（自治区、直辖市）实行全覆盖，大豆良种补贴在辽宁、吉林、黑龙江、内蒙古等 4 省（自治区）实行全覆盖，油菜良种补贴在江苏、浙江、安徽、江西、湖北、湖南、重庆、四川、贵州、云南及河南信阳、陕西汉中和安康地区实行冬油菜全覆盖，青稞良种补贴在四川、云南、西藏、甘肃、青海等省（自治区）的藏区实行全覆盖。补贴标准为小麦、玉米、大豆、油菜、青稞 10 元/亩，早稻、中稻（一季稻）、晚稻、棉花、新疆维吾尔自治区和新疆生产建设兵团小麦 15 元/亩。

2011 年农作物良种补贴资金继续实行预拨制，补贴资金将根据当年实际种植面积于下年进行结算。良种补贴资金采取现金直接补贴或差价供种补贴方式。水稻、玉米、油菜良种补贴采取现金直接补贴的方式，实行良种推介、自愿购种、直接发放。小麦、大豆、棉花、青稞良种补贴可以采取差价供种的方式补贴农民，也可以采取现金直接补贴的方式，由各地自行确定。各地农业部门要在充分尊重农民意愿基础上，根据品质优先、市场需求和生产需要，积极引导农民选择使用推介的良种，不得采取强制手段干预农民自愿选种。

17. 什么是农机购置补贴？

为鼓励和支持农民使用先进适用的农业机械，加快推进农业机械化进程，提高农业综合生产能力，促进农业增产增效、农民节本增收，2004 年中央财政设立了农业机械购置补贴专项资金。当年安排了补贴资金 0.7 亿元在 66 个县实施。此后，中央财政不断加大投入力度，补贴资金规模连年大幅度增长。2011 年农机购置补贴资金总规模为 175 亿元，实施范围继续覆盖全国所有农牧业县（场）。

补贴对象为符合补贴条件的农牧渔民、农场（林场）职工、直接从事农机作业的农业生产经营组织。补贴机具种类包括耕整地机械、种植施肥机械、田间管理机械、收获机械、收获后处理机械、农产品初加工机械、排灌机械、畜牧水产养殖机械、动力机械、农田基本建设机械、设施农业设备和其他机械等 12 大类 46 个小类 180 个品目机具。

中央财政农机购置补贴资金实行定额补贴，即同一种类、同一档次农业机械在省域内实行统一的补贴标准。定额补贴按不超过本省（自治区、直辖市、兵团、农垦）市场平均价格 30%测算，单机补贴限额不超过 5 万元。汶川地震重灾区县、重点血防区补贴比例可提高到 50%。通用类农机产品补贴额由农业部统一确定，非通用类农机产品补贴额由各省（自治区、直辖市、兵团、农垦）自行确定。100 马力①以上大型拖拉机、高性能青饲料收获机、

① 马力为非法定计量单位，1 马力=735.499 瓦。——编者注

大型免耕播种机、挤奶机械、大型联合收割机、水稻大型浸种催芽程控设备、烘干机单机补贴限额可提高到12万元；大型棉花采摘机、甘蔗收获机、200马力以上拖拉机单机补贴额可提高到20万元。

农业部根据全国农业发展需要和国家产业政策确定全国补贴机具种类范围。各省结合本地实际情况，确定具体的补贴机具品目范围。省级农机化主管部门要将补贴机具品目范围内的，所有已列入国家支持推广目录且承诺在本省销售的产品和已列入本省级支持推广目录的产品，全部纳入补贴目录。各省（自治区、直辖市）的年度补贴专项实施范围、补贴机具目录、申请程序和相关要求等，通过媒体及乡村公告等形式，及时向农民公布。

实施区内的农民购买补贴机具时，须通过乡镇农机管理机构向县级农机主管部门提出申请，并填写购机申请表。县级农机主管部门根据《农业机械购置补贴资金使用方案》和优先补贴条件进行审查，确定购机者名单和数量，经张榜公示后，与购机者签订购机补贴协议，并报省级农机主管部门和同级财政部门备案。省级农机主管部门根据汇总结果，统一与供货方协商确定供货事宜，并报省级财政部门备案。购机者购机时应向供货方提交购机补贴协议，并按扣除补贴金额后的机具差价款交款提货，供货方出具购机发票。县级农机主管部门对本辖区购机情况进行核实，并将核实结果报省级农机主管部门。供货方凭补贴协议和发票存根定期向省级农机主管部门提出结算申请。省级农机主管部门核实无误后，出具结算确认清单，并向省级财政部门提出结算申请。省级财政部门在接到申请后10个工作日内，予以审核并与供货方结算补贴资金。

18. 国家扶持农民专业合作组织发展的政策措施有哪些？

（1）税收优惠政策。对农民专业合作社销售本社成员生产的农业产品，视同农业生产者销售自产农业产品免征增值税；增值税一般纳税人从农民专业合作社购进的免税农产品，可按13%的扣除率计算抵扣增值税进项税额；对农民专业合作社向本社成员销售的农膜、种子、种苗、化肥、农药、农机，免征增值税。对农民专业合作社与本社成员签订的农业产品和农业生产资料购销合同，免征印花税。

（2）金融支持政策。把农民专业合作社全部纳入农村信用评定范围；加大信贷支持力度，重点支持产业基础牢、经营规模大、品牌效应高、服务能力强、带动农户多、规范管理好、信用记录良的农民专业合作社；支持和鼓励农村合作金融机构创新金融产品，改进服务方式；鼓励有条件的农民专业合作社发展信用合作。

（3）财政扶持政策。2003—2010 年，中央财政累计安排专项资金超过 18 亿元，主要用于扶持农民专业合作社增强服务功能和自我发展能力。农机购置补贴财政专项对农民专业合作社优先予以安排。

（4）涉农项目支持政策。2010 年农业部等七部委决定，对适合农民专业合作社承担的涉农项目，将农民专业合作社纳入申报范围；尚未明确将农民专业合作社纳入申报范围的，应尽快纳入并明确申报条件；今后新增的涉农项目，只要适合农民专业合作社承担的，都应将农民专业合作社纳入申报范围，明确申报条件。目前，农业部蔬菜园艺作物标准园创建、畜禽规模化养殖场（小区）、水产健康养殖示范场创建、新一轮菜篮子工程、粮食高产创建、标准化示范项目、国家农业综合开发项目等相关涉农项目，均已开始委托有条件的有关农民专业合作社承担。

（5）农产品流通政策。鼓励和引导合作社与城市大型连锁超市、高校食堂、农资生产企业等各类市场主体实现产（供）销衔接。

（6）人才支持政策。从 2011 年起组织实施现代农业人才支撑计划，每年培养 1 500 名合作社带头人。继续把农民专业合作社人才培训纳入“阳光工程”，重点培训合作社带头人、财会人员和基层合作社辅导员。鼓励引导农村青年、大学生村官参与、创办合作社。

19. 什么是生猪良种补贴专项资金？

为加快生猪品种改良，提高生猪良种化水平，中央财政于 2007 年设立了生猪良种补贴专项资金。生猪良种补贴项目由农业部和财政部共同组织实施，地方各级农业（畜牧）部门和财政部门组织落实。补贴对象是项目区内使用良种猪精液开展生猪人工授精的母猪养殖者，包括散养户和规模养殖户（场）。补贴标准为按每头能繁母猪年繁殖两胎，每胎配种使用两份精液，每份精液 10 元测算，每头能繁母猪年补贴 40 元。

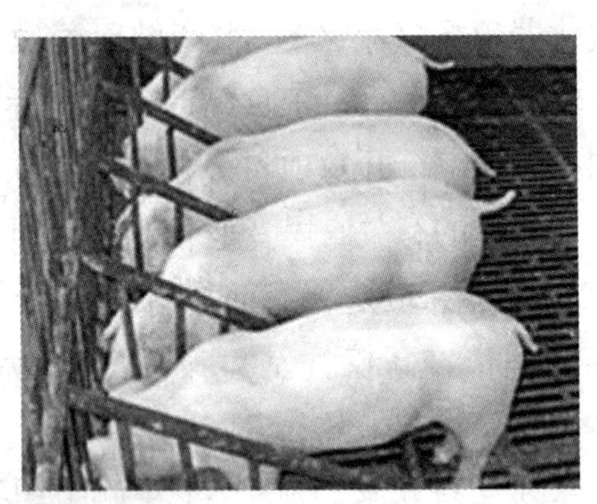

中央财政按照补贴标准将补贴资金拨付省级财政部门；省级财政部门将补贴资金拨付县级财政部门后，由县级财政部门按照每胎配种使用精液不多于两份精液，每份精液不高于 10 元，与良种猪精液供应单位（包括种公猪站、种猪场等生产良种猪精

液的组织和单位）结算补贴资金；供精单位按照补贴后的优惠价格向养殖者提供精液。

20. 什么是奶牛良种补贴专项资金？

为了加速奶牛品种改良，促进农民增收，提高农业综合生产能力，促进畜牧业增长方式转变，中央财政于 2005 年设立了奶牛良种补贴专项资金。

补贴对象是项目区内使用优质种公牛冷冻精液进行品种改良的奶牛养殖者，包括散养户和规模养殖户。补贴标准由财政部和农业部根据优质种公牛冷冻精液的需求和供应等情况确定。具体标准在年度项目实施方案中确定。补贴品种包括奶牛养殖者饲养的具有繁殖能力的荷斯坦牛、奶水牛、褐牛、牦牛等。

补贴资金由省级（含计划单列市）财政部门和

种公牛站结算。种公牛站供应的冷冻精液价格需经招标采购确定，种公牛站供应给奶牛养殖者的冷冻精液价格为招标价格扣除补贴后的优惠价格。省级财政部门与种公牛站结算时，应根据省级农业（畜牧）部门与种公牛站签订的冻精招标采购合同、种公牛站的供货发票等有关凭证进行结算。

21. 什么是小型农田水利设施建设工程补助专项资金？

为了支持小型农田水利建设，中央财政预算安排了中央财政小型农田水利设施建设工程补助专项资金，采用“民办公助”等方式，支持农户、农民用水合作组织、村组集体和其他农民专业合作经济组织等开展小型农田水利设施建设。

补助专项资金主要用于支持重点县建设和专项工程建设两个方面。用于重点县建设的，重点支持现有小型农田水利设施和大中型灌区末级渠系续建、配套、改造，因地制宜建设高效节水灌溉工程和适度新建小型水源工程。小农水专项资金用于支持专项工程建设的，主要解决小型农田水利设施最薄弱的环节，重点支持雨水集蓄利用、高效节水灌溉、小型水源建设，以及渠道、机电泵站等其他小型农田水利设施修复、配套和改造。主要包括塘坝（容积小于 10 万立方米）、小型灌溉泵站（装机小于

1 000千瓦）、引水堰闸（流量小于1立方米/秒）、灌溉机井、雨水集蓄利用工程（容积小于500立方米）等小型水源工程，大中型灌区末级渠系（流量小于1立方米/秒）、小型灌区渠系、井灌区输水管道、高效节水灌溉工程等，小型排水泵站（装机容量小于1 000千瓦）、控制面积3万亩以下的排水沟道等。小农水专项资金具体年度补助对象或建设内容，由财政部、水利部根据上述范围和国家有关政策确定，并通过小农水专项资金项目立项指南发布。

专项资金使用范围主要包括项目建设材料费、工程设备费、施工机械作业费和项目管理费（重点县和专项工程项目的论证审查、规划编制、工程设计、技术咨询和信息服务支出）。各省可从中央财政安排的小农水专项资金中按不超过1%的比例一次性提取项目管理费，不得层层重复提取，不得用于人员补贴、购置交通工具、会议费等支出。项目管理费不足部分由地方解决。

专项资金根据因素法进行分配，包括自然因素、经济因素和绩效因素三类。“自然因素”包括耕地面积、有效灌溉面积、县级行政区划数，“经济因素”包括粮食总产量、人均粮食产量、农民人均纯收入、地方财政收入，“绩效因素”包括省级财政投入力度、资金整合、农民投工投劳、项目和资金管理等绩效考核结果。中央财政根据小农水专项资金预算规模以及上述因素，测算确定分配给各省的资金补助额度。新疆生产建设兵团、农业部直属垦区不纳入因素法测算范围。由中央财政根据新疆生产建设兵团、农业部直属垦区小型农田水利设施建设任务、上年度项目实施情况和资金使用管理情况等适当给予定额补助。

中央财政对重点县建设和专项工程建设实行不同的资金补助方式。重点县建设实行定额补助，中央财政按照一定的补助标准和重点县名额，核定分配给各省的重点县建设资金补助额度，各重点县具体补助金额由各省自行确定；专项工程建设实行比例补助。中央财政按照项目总投资的一定比例，核定分配给各省及新疆生产建设兵团、农业部的专项工程补助额度。重点县和专项工程的具体补助标准和比例，由中央财政根据有关政策和年度资金预算，在制定年度小农水专项资金项目立项指南时确定。

22. 什么是节水灌溉贷款中央财政贴息资金？

节水灌溉贷款中央财政贴息资金是指中央财政预算安排的，专项用于节水灌溉贷款贴息的资金。节水灌溉贷款是指各类银行（含农村信用社）发放的，用于渠道防渗灌溉、管道输水灌溉、喷灌、微灌等节水灌溉工程及相配套的节水灌溉措施，节水灌溉水源工程及相配套的设施设备，集雨节灌等节水灌溉项目建设的贷款。

中央财政给予贴息的对象为具有还款能力的地方水管单位、农户、农民合作组织、村组集体及新疆生产建设兵团所属单位、农业部直属垦区所属单位。贴息资金安排当年使用贷款的节水灌溉项目；优先安排曾使用过贴息资金，并且管理、使用效果较好的项目；优先支持贫困缺水地区发展节水灌溉项目；优先支持发展节水灌溉工程规模较大、效益

明显的项目。

中央财政对节水灌溉贷款项目的贴息期限为12个月。贷款期限不足12个月的，按贷款实际期限计算贴息。中央财政对地方贷款项目的年贴息率，以当年实际利率为限，原则上不超过3%；对新疆生产建设兵团、农业部直属垦区的贷款项目按照实际利率全额贴息。中央财政结算贴息的贷款额为上年第四季度和当年前三季度期间实际发生的贷款额。地方财政可对中央财政贴息的节水灌溉贷款项目给予贴息。

相关链接

贴息资金的申报程序

贴息资金的申报采取自下而上的程序。地方项目应由项目单位向项目所在地的县级水利（水务）和财政部门申报申请贴息请示，县级水利（水务）和财政部门经审核后联合逐级上报省级财政和水利（水务）部门。省级财政、水利（水务）部门对各地申请贴息请示进行审查并提出贴息资金补助意见后，于每年10月31日前向财政部和水利部报送中央财政贴息资金申请请示。新疆生产建设兵团、农业部直属垦区的项目，由项目单位按行政隶属级次逐级向新疆生产建设兵团、农业部申报申请贴息请示。新疆生产建设兵团、农业部对申请贴息请示审查同意后，于每年10月31日前向财政部和水利部报送申请中央财政贴息资金申请函。省级财政和水利（水务）部门、新疆生产建设兵团、农业部应对报送财政部和水利部的申请中央财政贴息资金请示内容的真实性负责。

23. 什么是退耕还林补助制度？

退耕还林是指从保护和改善西部生态环境出发，将易造成水土流失的坡耕地和易造成土地沙化的耕地，有计划、分步骤地停止耕种；本着宜乔则乔、宜灌则灌、宜草则草，乔灌草结合的原则，因地制宜地造林种草，恢复林草植被。国家实行退耕还林资金和粮食补贴制度，按照核定的退耕地还林面积，在一定期限内无偿向退耕还林者提供适当的补助粮食、种苗造林费和现金（生活费）补助。补助标准为黄河和海河流域每亩退耕地每年100千克，长江和淮河流域每亩退耕地每年150千克。补助粮食一般为小麦原粮，不同地区确需调整粮食供应品种的由省政府确定，补助粮食必须达到国家规定的质量标准。每亩退耕地每年补助现金20元。粮食和现金补助年限为：还草补助按2年计算，还经济林补助按5年计算，还生态林补助按8年计算。另外所有退耕还林地每亩一次性补助种苗和造林费50元。宜林荒山荒地、荒滩、荒沙造林只补助种苗和造林费，不补助粮食和现金。

为了进一步改善退耕农户生产生活条件，逐步建立起促进生态改善、农民增收和经济发展的长效机制，巩固退耕还林成果，促进退耕还林地区经济社会可持续发展，现行退耕还林粮食和生活费补助期满后，中央财政安排资金，继续对退耕农户给予适当的现金补助，解决退耕农户当前的生活困难。补助标准为：长江流域及南方地区每亩退耕地每年补助现金 105 元，黄河流域及北方地区每亩退耕地每年补助现金 70 元。原每亩退耕地每年 20 元生活补助费，继续直接补助给退耕农户，并与管护任务挂钩。补助期为：还生态林补助 8 年、还经济林补助 5 年、还草补助 2 年。根据验收结果，兑现补助资金。各地可结合本地实际，在国家规定的补助标准基础上，再适当提高补助标准。凡 2006 年底前退耕还林粮食和生活费补助政策已经期满的，要从 2007 年起发放补助；2007 年以后到期的，从次年起发放补助。

为集中力量解决影响退耕农户长远生计的突出问题，中央财政安排一定规模资金，作为巩固退耕还林成果专项资金，主要用于西部地区、京津风沙源治理区和享受西部地区政策的中部地区退耕农户的基本口粮田建设、农村能源建设、生态移民以及补植补造，并向特殊困难地区倾斜。中央财政按照退耕地还林面积核定各省（自治区、直辖市）巩固退耕还林成果专项资金总量，并从 2008 年起按 8 年集中安排，逐年下达，包干到省。专项资金要实行专户管理，专款专用，并与原有国家各项扶持资金统筹使用。具体使用和管理办法由财政部会同发展改革委、西部开发办、农业部、林业局等部门制定，报国务院批准。

24. 什么是测土配方施肥补贴专项资金？

为鼓励和支持农民科学施肥，提高肥料使用效率，促进农民节本增收，减少农业面源污染，中央财政于2005年设立了测土配方施肥试点补贴专项资金。补贴资金的使用遵循公开、公正、农民自愿、稳步推进的原则。补贴对象是承担测土配方施肥任务的农业技术推广机构和依照配方加工配方肥的企业。补贴内容包括对测土、配方、配肥等环节给予的补贴以及项目管理费四项。测土补贴主要用于划分取样单元、采集土壤样品、分析化验和调查农户施肥情况等费用。配方补贴主要用于田间肥效试验、建立测土配方施肥指标体系、制定肥料配方和农民施肥指导方案等费用。设备补贴主要用于补充土壤采样和分析化验仪器设备、试剂药品，以及配肥设备的更新改造费用。项目管理费，由项目县在补贴资金中提取，用于项目评估、论证、规划编制、检查验收等管理支出。

补贴标准：测土、配方和土壤采样环节补贴按照实际需要适当补助；仪器设备在充分整合利用现有资源的基础上适当添置，用于仪器设备的补贴原则上不超过财政补贴资金的30%。项目管理费按补贴资金的2%提取。符合条件的配方肥生产（流通）企业，可按规定参与国家化肥淡季商业储备工作，申请承担储备任务。经相关部门确认后可按程序申请国家化肥淡季商业储备贷款贴息资金，测土配方施肥试点补贴资金不得用于支付配方肥淡季储备贷款利息。

25. 什么是粮食直补？

粮食直补是指对种粮农民的直接补贴，把通过流通环节的间接补贴改为对种粮农民的直接补贴，原则上按粮食种植面积，把粮食补贴直接落实到种粮农户手中，实现对种粮农民利益的直接保护，调动农民的种粮积极性。补贴资金从粮食风险基金中列支。

为了稳定和发展粮食生产，保护粮食综合生产能力，加快粮食流通体制市场化改革进程，我国政府于2004年建立了对种粮农民直接补贴的机制。

实行对种粮农民直接补贴有三种方式可供选择，即按计税面积补贴、按计税常产补贴、按粮食种植面积补贴。实行对种粮农民直接补贴的具体方式，由各省根据本省的实际情况自行决定。每斤商品粮量的补贴标准，由省级人民政府根据本省的市场粮价及对种粮农民保护的目标价格确定并提前公布。

保护的目标价格，由省级人民政府按照能够补偿粮食生产成本并使种粮农民获得适当收益，有利于保护农民种粮积极性的原则确定。

粮食主产省、自治区必须在全省范围内实行对种粮农民（包括主产粮食的国有农场的种粮职工）直接补贴；其他省、自治区、直辖市也要比照粮食主产省、自治区的做法，对粮食主产县（市）的种粮农民实行直接补贴，具体实施范围由省级人民政府根据当地实际情况自行决定。

粮食直补资金的兑付方式，可以采取直接发放现金的方式，也可以逐步实行“一卡通”或“一折通”的方式，向农户发放储蓄存折或储蓄卡。具体兑现方式，由省级人民政府根据当地实际，结合农民意愿自行确定。当年的粮食直补资金尽可能在播种后3个月内一次性全部兑现到农户，最迟要在9月底之前基本兑付完毕。具体兑付时间由省级人民政府根据当地实际情况确定。

26. 什么是新型农村合作医疗制度？

新型农村合作医疗制度是由政府组织、引导、支持，农民自愿参加，个人、集体和政府多方筹资，以大病统筹为主的农民医疗互助共济制度。

新型农村合作医疗制度实行个人缴费、集体扶持和政府资助相结合的筹资机制。在制度建立之初，农民个人每年的缴费标准不低于10元，2010年开始农民个人缴费每人每年增加到30元，困难地区可以分两年到位。制度刚建立时地方财政每年对参加新型农村合作医疗农民的资助不低于人均10元，具体补助标准和分级负担比例由省级人民政府确定。2010年开始，全国新农合筹资水平提高到每人每年150元，其中，中央财政对中西部地区参合农民按60元的标准补助，对东部省份按照中西部地区一定比例给予补助；地方财政补助标准相应提高到60元，确有困难的地区可分两年到位。

有条件的乡村集体经济组织应对本地新型农村合作医疗制度给予适当扶持。扶持新型农村合作医疗的乡村集体经济组织类型、出资标准由县级人民政府确定，但集体出资部分不得向农民摊派。鼓励社会团体和个人资助新型农村合作医疗制度。

新型农村合作医疗补偿方案主要包括起付线、封顶线、补偿比例和补偿范围等内容。各地要根据合作医疗基金收支情况，合理确定起付线、封顶线、补偿比例和补偿范围。合作医疗基金结余过多的县（市、区）要认真分析原因，有针对性地调整补偿方案，合理提高补偿比例、降低起付线。合作医疗基本药品目录和诊疗项目可根据实际需要适当调整，对乡、村两级医疗机构应根据机构功能和技术条件严格界定用药范围。省内各县（市、区）之间的补偿水平差异不宜过大，经济社会发展水平相近和筹资水平相当的地区补偿水平应相对统一。

农民在县（市）、乡（镇）、村定点医疗机构就诊，可先由定点医疗机构初审并垫付规定费用，然后由定点医疗机构定期到县（市）或乡（镇）新型农村合作医疗经办机构核销。新型农村合作医疗经办机构应及时审核支付定点医疗机构的垫付资金，保证定点医疗机构的正常运转。新型农村合作医疗经办机构在审核诊疗项目和费用账目时，如发现定点医疗机构有违反新型农村合作医疗制度相关规定的情况，不予核销，已发生费用由定点医疗机构承担。农民经批准到县（市）级以上医疗机构就医，可先自行垫付有关费用，再由本县（市）新型农村合作医疗经办机构按相关规定及时审核报销。

27. 什么是农村医疗救助制度？

根据《中共中央、国务院关于进一步加强农村卫生工作的决定》（中发［2002］13号）文件精神，我国建立农村医疗救助制度。农村医疗救助制度是政府拨款和社会各界自愿捐助等多渠道筹资，对患大病农村五保户和贫困农民家庭实行医疗救助的制度。县级人民政府要建立独立的农村医疗救助基金，农村医疗救助基金是用于农民贫困家庭医疗救助的专用基金，基金通过政府拨款和社会各界自愿捐助等多渠道筹集，基金来源包括财政拨款、彩票公益金、社会各界自愿捐助、利息收入等，按照公开、公平、公正、专款专用、量入为出、收支平衡的原则进行管理和使用。

救助对象为农村五保户、农村贫困户家庭成员以及地方政府规定的其他符合条件的农村贫困农民。救助对象的具体条件由地方民政部门会同财政、卫生部门制定，报同级人民政府批准。

农村医疗救助基金资助医疗救助对象缴纳个人应负担的全部或部分资金，参加当地合作医疗，享受合作医疗待遇。因患大病经合作医疗补助后个人负担医疗费用过高，影响家庭基本生活的，再给予适当的医疗救助。国家规定的特种传染病救治费用，按有关规定给予补助。医疗救助对象全年个人累计享受医疗救助金额原则上不超过当地规定的医疗救助标准。医疗救助标准由各地根据当地实际情况，在对患病人数、患病比例、医疗需求等进行调查研究的基础上按照资金总量来确定。对于特殊困难人员，可适当提高医疗救助水平。

医疗救助实行属地化管理原则，申请人（户主）向村民委员会提出书面申请，填写申请表，如实提供医疗诊断书、医疗费用收据、必要的病史材料、已参加合作医疗按规定领取的合作医疗补助凭证、社会互助帮困情况证明等，经村民代表会议评议同意后报乡镇人民政府审核。乡镇人民政府对上报的申请表和有关材料进行逐项审核，对符合医疗救助条件的上报县（市、区）民政局审批。乡镇人民政府根据需要，可以采取入户调查、邻里访问以及信函索证等方式对申请人的医疗支出和家庭经济状况等有关材料进行调查核实。县级人民政府民政部门对乡镇上报的有关材料进行复审核实，并及时签署审批意见。对符合医疗救助条件的家庭核准其享受医疗救助金额，对不符合享受医疗救助条件的，应当书面通知申请人，并说明理由。医疗救助金由乡镇人民政府发放，也可以采取社会化发放或其他发放办法。

28. 什么是农村最低生活保障制度？

为了切实解决农村贫困人口的生活困难，将符合条件的农村贫困人口全部纳入保障范围，稳定、持久、有效地解决全国农村贫困人口的温饱问题。我国于 2007 年在全国建立了农村最低生活保障制度。

农村最低生活保障对象是家庭年人均纯收入低于当地最低生活保障标准的农村居民，主要是因病残、年老体弱、丧失劳动能力以及生存条件恶劣等原因造成生活常年困难的农村居民。保障标准由县级以上地方人民政府按照能够维持当地农村居民全年基本生活所必需的吃饭、穿衣、用水、用电等费用确定，并报上一级地方人民政府备案后公布执行。

农村最低生活保障标准要随着当地生活必需品价格变化和人民生活水平提高适时进行调整

申请农村最低生活保障，一般由户主本人向户籍所在地的乡（镇）人民政府提出申请；受乡（镇）人民政府委托，村民委员会对申请人开展家庭经济状况调查、组织村民会议或村民代表会议民主评议后提出初步意见，报乡（镇）人民政府；乡（镇）人民政府和县级人民政府民政部门要核查申请人的家庭收入，了解其家庭财产、劳动力状况和实际生活水平，并结合村民民主评议，提出审核、审批意见。在核算申请人家庭收入时，申请人家庭按国家规定所获得的优待抚恤金、计划生育奖励与扶助金以及教育、见义勇为等方面的奖励性补助，一般不计入家庭收入，具体核算办法由地方人民政府确定。

村民委员会、乡（镇）人民政府以及县级人民政府民政部门要及时向社会公布有关信息，接受群众监督。最低生活保障金原则上按照申请人家庭年人均纯收入与保障标准的差额发放，也可以在核查申请人家庭收入的基础上，按照其家庭的困难程度和类别，分档发放。

29. 什么是新型农村社会养老保险制度？

国务院决定从2009年起开展新型农村社会养老

保险试点。探索建立个人缴费、集体补助、政府补贴相结合的新农保制度，实行社会统筹与个人账户相结合，与家庭养老、土地保障、社会救助等其他社会保障政策措施相配套，保障农村居民老年基本生活。2009 年试点覆盖面为全国 10%的县（市、区、旗），以后逐步扩大试点，在全国普遍实施，2020 年之前基本实现对农村适龄居民的全覆盖。

凡年满 16 周岁（不含在校学生）、未参加城镇职工基本养老保险的农村居民，都可以在户籍地自愿参加新农保。

新农保基金由个人缴费、集体补助、政府补贴构成。参加新农保的农村居民应当按规定缴纳养老保险费，缴费标准目前设为每年 100 元、200 元、300 元、400 元、500 元 5 个档次，参保人自主选择档次缴费，多缴多得；有条件的村集体应当对参保人缴费给予补助，补助标准由村民委员会召开村民会议民主确定；政府对符合领取条件的参保人全额支付新农保基础养老金，其中中央财政对中西部地区按中央确定的基础养老金标准给予全额补助，对东部地区给予 50%的补助。地方政府应当对参保人缴费补贴标准不低于每人每年 30 元，对农村重度残疾人等缴费困难群体，地方政府为其代缴部分或全部最低标准的养老保险费。

国家为每个新农保参保人建立终身记录的养老

保险个人账户。个人缴费，集体补助及其他经济组织、社会公益组织、个人对参保人缴费的资助，地方政府对参保人的缴费补贴，全部记入个人账户。个人账户储存额目前每年参考中国人民银行公布的金融机构人民币一年期存款利率计息。

养老金待遇由基础养老金和个人账户养老金组成，支付终身。中央确定的基础养老金标准为每人每月 55 元。地方政府可以根据实际情况提高基础养老金标准，对于长期缴费的农村居民，可适当加发基础养老金，提高和加发部分的资金由地方政府支出。国家根据经济发展和物价变动等情况，适时调整全国新农保基础养老金的最低标准。个人账户养老金的月计发标准为个人账户全部储存额除以 139。参保人死亡，个人账户中的资金余额，除政府补贴外，可以依法继承；政府补贴余额用于继续支付其他参保人的养老金。

年满 60 周岁、未享受城镇职工基本养老保险待遇的农村有户籍的老年人，可以按月领取养老金。新农保制度实施时已年满 60 周岁、未享受城镇职工基本养老保险待遇的，不用缴费，可以按月领取基础养老金，但其符合参保条件的子女应当参保缴费；距领取年龄不足 15 年的，应按年缴费，也允许补缴，累计缴费不超过 15 年；距领取年龄超过 15 年的，应按年缴费，累计缴费不少于 15 年。

30. 什么是农村五保供养？

农村五保供养是指在吃、穿、住、医、葬方面给予村民的生活照顾和物质帮助。老年、残疾或者未满16周岁的村民，无劳动能力、无生活来源又无法定赡养、抚养、扶养义务人，或者其法定赡养、抚养、扶养义务人无赡养、抚养、扶养能力的，享受农村五保供养待遇。

享受农村五保供养待遇，应当由村民本人向村民委员会提出申请；因年幼或者智力残疾无法表达意愿的，由村民小组或者其他村民代为提出申请。经村民委员会民主评议，对符合规定条件的，在本村范围内公告；无重大异议的，由村民委员会将评议意见和有关材料报送乡、民族乡、镇人民政府审核。

乡、民族乡、镇人民政府应当对申请人的家庭状况和经济条件进行调查核实，自收到评议意见之日起20日内提出审核意见，并将审核意见和有关材料报送县级人民政府民政部门审批。县级人民政府民政部门应当自收到审核意见和有关材料之日起20日内做出审批决定。对批准给予农村五保供养待遇的，发给《农村五保供养证书》；对不符合条件不予批准的，应当书面说明理由。

农村五保供养包括：供给粮油、副食品和生活用燃料；供给服装、被褥等生活用品和零用钱；提供符合基本居住条件的住房；提供疾病治疗，对生活不能自理的给予照料；妥善办理丧葬事宜。农村五保供养对象未满 16 周岁或者已满 16 周岁仍在接受义务教育的，应当保障其依法接受义务教育所需费用。

农村五保供养标准不得低于当地村民的平均生活水平，并根据当地村民平均生活水平的提高适时调整。农村五保供养标准，可以由省、自治区、直辖市人民政府制定，在本行政区域内公布执行，也可以由设区的市级或者县级人民政府制定，报所在的省、自治区、直辖市人民政府备案后公布执行。

农村五保供养对象可以在当地的农村五保供养服务机构集中供养，也可以在家分散供养。农村五保供养对象可以自行选择供养形式。集中供养的农村五保供养对象，由农村五保供养服务机构提供供养服务；分散供养的农村五保供养对象，可以由村民委员会提供照料，也可以由农村五保供养服务机构提供有关供养服务。

农村五保供养资金在地方人民政府财政预算中安排。有农村集体经营等收入的地方，可以从农村集体经营等收入中安排资金，用于补助和改善农村五保供养对象的生活。

31. 什么是自然灾害生活救助?

我国自然灾害救助工作遵循以人为本、政府主导、分级管理、社会互助、灾民自救的原则。自然灾害救助工作实行各级人民政府行政领导负责制。国家减灾委员会负责组织、领导全国的自然灾害救助工作，协调开展重大自然灾害救助活动。国务院民政部门负责全国的自然灾害救助工作，承担国家减灾委员会的具体工作。国务院有关部门按照各自职责做好全国的自然灾害救助相关工作。县级以上地方人民政府或者人民政府的自然灾害救助应急综合协调机构，组织、协调本行政区域的自然灾害救助工作。县级以上地方人民政府民政部门负责本行政区域的自然灾害救助工作。县级以上地方人民政府有关部门按照各自职责做好本行政区域的自然灾害救助相关工作。

受灾地区人民政府在确保安全的前提下，采取就地安置与异地安置、政府安置与自行安置相结合的方式，对受灾人员进行过渡性安置。就地安置选择在交通便利、便于恢复生产和生活的地点，并避开可能发生次生自然灾害的区域，尽量不占用或者少占用耕地。自然灾害危险消除后，受灾地区人民政府应当统筹研究制订居民住房恢复重建规划和优惠政策，组织重建或者修缮因灾损毁的居民住房，对恢复重建确有困难的家庭予以重点帮扶。

居民住房恢复重建应当因地制宜、经济实用，确保房屋建设质量符合防灾减灾要求。受灾地区人民政府民政等部门向经审核确认的居民住房恢复重建补助对象发放补助资金和物资，住房城乡建设等部门为受灾人员重建或者修缮因灾损毁的居民住房提供必要的技术支持。

居民住房恢复重建补助对象由受灾人员本人申请或者由村民小组、居民小组提名。经村民委员会、居民委员会民主评议，符合救助条件的，在自然村、社区范围内公示；无异议或者经村民委员会、居民委员会民主评议异议不成立的，由村民委员会、居民委员会将评议意见和有关材料提交乡镇人民政府、街道办事处审核，报县级人民政府民政等部门审批。

自然灾害发生后的当年冬季、次年春季，受灾地区人民政府应当为生活困难的受灾人员提供基本生活救助。受灾地区县级人民政府民政部门应当在每年 10 月底前统计、评估本行政区域受灾人员当年冬季、次年春季的基本生活困难和需求，核实救助对象，编制工作台账，制定救助工作方案，经本级人民政府批准后组织实施，并报上一级人民政府民政部门备案。

县级以上人民政府财政部门、民政部门负责自然灾害救助资金的分配、管理并监督使用情况。县级以上人民政府民政部门负责调拨、分配、管理自然灾害救助物资。

人民政府采购用于自然灾害救助准备和灾后恢复重建的货物、工程和服务，依照有关政府采购和招标投标的法律规定组织实施。自然灾害应急救助和灾后恢复重建中涉及紧急抢救、紧急转移安置和临时性救助的紧急采购活动，按照国家有关规定执行。自然灾害救助款物专款（物）专用，无偿使用。定向捐赠的款物，应当按照捐赠人的意愿使用。政府部门接受的捐赠人无指定意向的款物，由县级以上人民政府民政部门统筹安排用于自然灾害救助；社会组织接受的捐赠人无指定意向的款物，由社会组织按照有关规定用于自然灾害救助。自然灾害救助款物应当用于受灾人员的紧急转移安置，基本生活救助，医疗救助，教育、医疗等公共服务设施和住房的恢复重建，自然灾害救助物资的采购、储存和运输，以及因灾遇难人员亲属的抚慰等项支出。

32. 国家对农民工社会保障有何政策？

近年来我国政府相继出台了一系列加强农民工社会保障的政策措施。涉及工伤保险、养老保险、医疗保障、子女入学等各个方面。

（1）依法将农民工纳入工伤保险范围。所有用人单位必须及时为农民工办理参加工伤保险手续，并按时足额缴纳工伤保险费。在农民工发生工伤后，要做好工伤认定、劳动能力鉴定和工伤待遇支付工作。未参加工伤保险的农民工发生工伤，由用人单位按照工伤保险规定的标准支付费用。加快推进农民工较为集中、工伤风险程度较高的建筑行业、煤炭等采掘行业参加工伤保险。要求建筑施工企业同时为从事特定高风险作业的职工办理意外伤害保险。

（2）解决农民工大病医疗保障问题。要求各统筹地区采取建立大病医疗保险统筹基金的办法，重点解决农民工进城务工期间的住院医疗保障问题。根据当地实际合理确定缴费率，主要由用人单位缴费。完善医疗保险结算办法，为患大病后自愿回原籍治疗的参保农民工提供医疗结算服务。有条件的地方，可直接将稳定就业的农民工纳入城镇职工基本医疗保险。农民工也可自愿参加原籍的新型农村合作医疗。

（3）探索适合农民工特点的养老保险办法。要求抓紧研究低费率、广覆盖、可转移，并能够与现行的养老保险制度衔接的农民工养老保险办法。有条件的地方，可直接将稳定就业的农民工纳入城镇职工基本养老保险。已经参加城镇职工基本养老保险的农民工，用人单位要继续为其缴费。要求劳动保障部门抓紧制定农民工养老保险关系异地转移与接续的办法。

(4) 把农民工纳入城市公共服务体系。要求对农民工实行属地管理，在编制城市发展规划、制定公共政策、建设公用设施等方面，统筹考虑长期在城市就业、生活和居住的农民工对公共服务的需要，提高城市综合承载能力。要增加公共财政支出，逐步健全覆盖农民工的城市公共服务体系。

(5) 保障农民工子女平等接受义务教育。将农民工子女义务教育纳入当地教育发展规划，列入教育经费预算，以全日制公办中小学为主接收农民工子女入学，并按照实际在校人数拨付学校公用经费。城市公办学校对农民工子女接受义务教育要与当地学生在收费、管理等方面同等对待。对委托承担农民工子女义务教育的民办学校，在办学经费、师资培训等方面给予支持和指导，提高办学质量。要求输出地政府解决好农民工托留在农村子女的教育问题。

33. 国家对农村义务教育阶段学生免收学杂费政策是如何规定的？

为了进一步减轻农民负担，促进教育公平和社会公平，科学、合理配置义务教育资源，加快农村义务教育事业发展，国家制定实施了农村义务教育阶段学生免收学杂费的政策。全部免除农村义务教育阶段学生学杂费，享受免除学杂费政策的对象包括：在农村地区（含镇）义务教育阶段公办学校就读的学生，在农垦、林场等所属义务教育阶段学校就读的学生，在县城所在地义务教育阶段公办学校就读的贫困家庭学生。免学杂费补助标准由财政部、教育部根据目前各省、自治区、直辖市制定的“一费制”文件中农村中小学学杂费（含信息技术费、取暖费）标准，按中档就高原则逐省份核定。农村义务教育阶段免收学杂费政策按区域分步推进。自2006年春季学期开始，西部地区农村义务教育阶段学生全部免收学杂费；2007年春季学期开始，中部地区和东部地区农村义务教育阶段学生全部免收学杂费。免收学杂费政策实施后，学校只能按“一费制”规定收取课本费、作业本费两项代收费项目和寄宿学生住宿费。自2009年春季学期开学起，取消寄宿制学生住宿费。学校和教职工不得再向学生收取其他任何费用。

34. 国家对农村义务教育阶段学生免费提供教科书的政策是如何规定的？

2005年《国务院关于深化农村义务教育经费保障机制改革的通知》要求对贫困家庭学生免费提供教科书。免费提供教科书资金，中西部地区由中央全额承担，东部地区由地方自行承担。2007年《财

政部　教育部关于调整完善农村义务教育经费保障机制改革有关政策的通知》要求向全国农村义务教育阶段学生免费提供教科书，提高中央财政免费教科书补助标准。推进教科书循环使用工作从2007年秋季学期开始。向全国农村义务教育阶段学生免费提供国家课程的教科书，所需资金由中央财政承担。从2008年春季学期开始，免费提供地方课程的教科书，所需资金由地方财政承担。从2008年春季学期起，中央财政进一步提高国家课程免费教科书的补助标准，同时建立部分科目免费教科书的循环使用制度。为保证循环使用教科书的质量，中央财政每年按照循环使用教科书书款的一定比例安排资金，用于循环教科书的补充更新。

35. 关于农村义务教育阶段家庭经济困难寄宿生的生活费补助是如何规定的？

2005年《国务院关于深化农村义务教育经费保障机制改革的通知》要求对贫困家庭学生补助寄宿生生活费。补助寄宿生生活费资金由地方承担，补助对象、标准及方式由地方人民政府确定。2007年《财政部　教育部关于调整完善农村义务教育经费保障机制改革有关政策的通知》要求进一步落实农村义务教育阶段家庭经济困难寄宿生的生活费补助政策。对中西部地区，参照各地现行政策和生活水平，中央出台农村义务教育阶段家庭经济困难寄宿生的生活费基本补助标准，从 2007 年秋季学期起执行。具体标准为：小学生每生每天补助 2 元，初中生每生每天补助 3 元，学生每年在校天数均按 250 天计算。享受寄宿生生活费补助的家庭经济困难学生的比例，由省级财政、教育部门根据当地实际情况确定。中央财政对中西部地区落实基本标准所需资金按照 50％的比例给予奖励性补助。中西部地区地方财政应承担的 50％部分，由省级财政统筹落实。中西部地区可在中央确定的基本标准的基础上，根据实际情况调高标准。调高标准所需资金，由地方财政负责解决。从 2007 年秋季学期开始，东部地区也应加大落实农村义务教育阶段家庭经济困难寄宿生生活费补助政策的力度，所需资金主要由地方财政自行承担。根据东部地区各省市政策落实情况及其财力状况等因素，中央财政给予适当奖励。

36. 什么是家庭经济困难学生资助政策体系？

为了维护教育公平，促进教育持续健康发展，提高资助水平，从制度上基本解决家庭经济困难学生的就学问题。我国政府遵循“加大财政投入、经费合理分担、政策导向明确、多元混合资助、各方责任清晰”的基本原则，建立了家庭经济困难学生资助体系。主要内容包括：

(1) 国家奖学金制度。中央设立国家奖学金，用于奖励普通本科高校和高等职业学校全日制本专科在校生中特别优秀的学生，每年奖励5万名，奖励标准为每生每年8 000元，所需资金由中央负担。

中央与地方共同设立国家励志奖学金，用于奖励资助普通本科高校和高等职业学校全日制本专科在校生中品学兼优的家庭经济困难学生，资助面平均约占全国高校在校生的3%，资助标准为每生每年5 000元。国家励志奖学金适当向国家最需要的农林水地矿油核等专业的学生倾斜。中央部门所属高校国家励志奖学金所需资金由中央负担。地方所属高校国家励志奖学金所需资金根据各地财力及生源状况由中央与地方按比例分担。其中，西部地区，不分生源，中央与地方分担比例为8∶2；中部地区，生源为西部地区的，中央与地方分担比例为8∶2，生源为其他地区的，中央与地方分担比例为6∶4；东部地区，生源为西部地区和中部地区的，中央与地方分担比例分别为8∶2和6∶4，生源为东部地区的，中央与地方分担比例根据财力及生源状况等因素分省确定。人口较少民族家庭经济困难学生资助资金全部由中央负担。鼓励各地加大资助力度，超出中央核定总额部分的国家励志奖学金所需资金由中央给予适当补助。

(2) 国家助学金制度。中央与地方共同设立国家助学金，用于资助普通本科高校、高等职业学校全日制本专科在校生中家庭经济困难学生和中等职业学校所有全日制在校农村学生及城市家庭经济困难学生。

普通本科高校和高等职业学校。国家助学金资助面平均约占全国普通本科高校和高等职业学校在校生总数的 20%。财政部、教育部根据生源情况、平均生活费用、院校类别等因素综合确定各省资助面。平均资助标准为每生每年 2 000 元，具体标准由各地根据实际情况在每生每年 1 000～3 000 元范围内确定，可以分为 2～3 档。

中等职业学校。国家助学金资助所有全日制在校农村学生和城市家庭经济困难学生。资助标准为每生每年 1 500 元，国家资助两年，第三年实行学生工学结合、顶岗实习。

国家助学金所需资金由中央与地方按照国家励志奖学金的资金分担办法共同承担。有条件的地区可以试行运用教育券发放国家助学金的办法。

(3) 国家助学贷款政策。生源地信用助学贷款是国家助学贷款的重要组成部分，与国家助学贷款享有同等优惠政策。对普通本科高校和高等职业学校全日制本专科生，在校期间获得国家助学贷款、毕业后自愿到艰苦地区基层单位从事第一线工作且服务达到一定年限的，国家实行国家助学贷款代偿政策。

（4）师范生免费教育政策。从2007年起，对教育部直属师范大学新招收的师范生，实行免费教育。

（5）校内资助政策。学校要按照国家有关规定从事业收入中足额提取一定比例的经费，用于学费减免、国家助学贷款风险补偿、勤工助学、校内无息借款、校内奖助学金和特殊困难补助等。

37. 金融机构将为返乡农民工创业提供哪些信贷支持？

人民银行将继续鼓励和引导各金融机构采取多种有效措施支持有实力的农民工自主创业和返乡创业。

主要措施有：一是利用小额担保贷款等方式加大对农民工回乡创业就业的信贷支持；二是积极发展农村消费信贷，活跃农村消费市场；三是进一步加大对符合信贷条件的乡镇企业、县域经济劳动密集型小企业和农业产业化龙头企业的信贷支持，发挥其辐射拉动作用；四是加强外汇管理和政策宣传，为出国务工农民提供优质外汇服务。

38. 农民如何取得农户小额信用贷款？

农户小额信用贷款是信用社以农户的信誉为保

证，在核定的额度和期限内发放的不需抵押、担保的贷款。农户小额信用贷款采取“一次核定、随用随贷、余额控制、周转使用”的管理办法。农户小额信用贷款使用农户贷款证。贷款证以农户为单位，一户一证，不得出租、出借或转让。主要包括种植业、养殖业等农业生产费用贷款，为农业生产服务的个体私营经济贷款，农机具贷款，小型农田水利基本建设贷款。

申请贷款的条件：①社区内的农户或个体经营户，具有完全民事行为能力；②信用观念强、资信状况良好；③从事土地耕作或其他符合国家产业政策的生产经营活动，并有可靠收入；④家庭成员中必须有具有劳动生产或经营管理能力的劳动力。

申请小额信用贷款的农户，需要接受农村信用社对其资信情况的调查评定。首先要由农户向信用社提出贷款申请；信贷人员调查农户生产资金需求和家庭经济收入情况，掌握借款人的信用条件，并提出初步意见；再由资信评定小组根据信贷人员及所在地社员代表或村民委员会提供的情况，确定贷款额度，核发贷款证。农户资信评定分优秀、较好、一般等信用等级。各地可根据实际情况确定具体评定标准、评定方法。农户需要贷款时，只要在核定的额度内，就可以凭贷款证到信用社营业网点直接办理贷款，不再需要层层审核、批准。

农户小额信用贷款的具体额度，由各地信用社、县（市）联社根据当地农村经济的实际状况、农户生产经营的收入和信用社资金状况等具体确定。对超过农户小额信用贷款限额、借款者本人又无法提供有效抵押、担保的农户贷款，信用社可采取3～5户农民联保的办法。对于农户其他生产和经营，特别是市场前景难以把握的较大规模生产和经营的大额资金需求，信用社原则上应按《贷款通则》的有关规定，坚持审贷分离、逐笔核贷，以确保信贷资金安全。

39. 国家对于生猪调出大县有何奖励?

为调动地方发展生猪生产的积极性，进一步促进生猪生产的规模化、产业化，建立生猪生产稳定发展的机制，增强农村发展活力，增加农民收入，中央财政设立了对生猪调出量和出栏量符合规定标准的县（县级市、区、旗和农场）给予奖励的专项财政转移支付资金。坚持“引导生产、多调多奖、直拨到县、专项使用”的原则。专项用于发展生猪生产。主要包括：规模化生猪养殖户（场）猪舍改造、良种引进和粪污处理的支出，生猪养殖大户购买种公猪、母猪、仔猪和饲料等的贷款贴息，在奖励资金总规模的10%范围内用于防疫服务费用支出。

财政部每年年初印发奖励资金申报指南，明确当年生猪调出大县的入围标准。根据统计系统提供的分县分年数据，以生猪调出量、出栏量和存栏量作为测算因素，所占权重分别为50%、25%、25%。对达不到财政部规定生猪调出大县入围标准，但对区域内的生猪生产和猪肉供应起着重大影响作用的县（如36个大中城市周边的产猪大县），由省级财政部门牵头，会同省级畜牧（或农业）、商务等部门提出意见，经省级人民政府批准，并报财政部认可后，可以纳入奖励范围。

财政部根据入围标准选定生猪调出奖励大县，并按奖励因素及各自所占权重等计算具体奖励数额，奖励资金直接分配到生猪调出大县。先由中央财政通过专项转移支付拨付到省级财政。省级财政在收到奖励资金后，必须在10个工作日内拨付到县级财政。

40. 国家是如何支持农业科技推广示范项目发展的？

为了贯彻落实中央科教兴国战略，提高农业科技贡献率，推动农业和农村经济发展，中央财政设立了农业科技推广示范项目专项资金。示范项目要与当地农业结构战略性调整、农业可持续发展、增加农民收入和推动农业产业化经营相结合，体现区位优势，形成示范能力，示范推广先进实用技术。支持范围主要包括农作物、畜禽、水产品优良新品种繁育与农业高效高产技术，农产品加工、保鲜技术，重大动植物病虫害防治技术，农业资源综合开发利用技术，节水农业和农业生态环境保护技术，适用农机和农业信息化技术等。

资助办法采取项目单位投资为主、国家财政适当补助的方式解决。中央财政补助的资金主要用于项目区基础设施建设、农业新品种繁育、新技术应用示范、必要的仪器设备购置以及开展技术培训和咨询等方面的支出。

各省（自治区、直辖市）财政部门组织、指导编制农业科技推广示范项目标准文本或可行性研究报告。申请农业科技推广示范项目的县（市）财政部门指导承担农技推广示范任务的项目单位编制项目建设规划，并以财政部门正式文件逐级上报省级财政。省级财政部门组织专家对地市上报的示范项目进行论证，以财政厅（局）正式文件并附项目标准文本或可行性研究报告上报财政部（一式两份）。财政部根据省级财政和专家意见批复项目，并下拨补助资金。

41. 国家对于森林生态效益补偿有何规定？

为保护重点公益林资源，促进生态安全，财政部设立了中央森林生态效益补偿基金。对国家级公益林林地管护者发生的营造、抚育、保护和管理支出给予一定补助。国有的国家级公益林平均补助标准为每年每亩 5 元，其中管护补助支出 4.75 元、公共管护支出 0.25 元；集体和个人所有的国家级公益林补偿标准为每年每亩 10 元，其中管护补助支出 9.75 元、公共管护支出 0.25 元。

国有的国家级公益林管护补助支出，用于国有林场、苗圃、自然保护区、森工企业等国有单位管护国家级公益林的劳务补助等支出。地方各级财政部门会同林业主管部门测算审核管护成本，合理确定国有单位国家级公益林管护人员数量和管护劳务补助标准。集体和个人所有的国家级公益林管护补助支出，用于集体和个人管护国家级公益林的经济补偿。

林业主管部门与承担管护任务的国有单位、集体和个人签订国家级公益林管护合同。国有单位、集体和个人应按照管护合同规定履行管护义务，承担管护责任，根据管护合同履行情况领取中央财政补偿基金。

各省财政部门和林业主管部门于每年4月30日之前，联合向财政部和国家林业局报送中央财政补偿基金申请，申请的内容包括上年度中央财政补偿基金使用管理情况、国家级公益林管理和征占用等资源变化情况等。国家林业局于每年4月30日之前向财政部报送大兴安岭林业集团公司中央财政补偿基金申请，申请的内容包括上年度中央财政补偿基金使用管理情况、国家级公益林管理和征占用等资源变化情况等。财政部根据区划界定的国家级公益林面积和补偿标准以及各省、国家林业局的资金申请，确定各省、大兴安岭林业集团公司的中央财政补偿基金数额，及时下达预算文件。中央财政补偿基金的支付管理按照财政国库管理制度有关规定执行。

42. 国家对水土保持重点建设工程有何扶持政策？

为了促进水土保持重点建设工程建设，中央财政设立了水土保持专项资金，由财政部、水利部根据国家水土保持重点建设工程有关规划，用于支持规划治理范围内的重点地区开展水土流失治理项目建设。

水土保持专项资金用于规划治理区内的坡改梯、淤地坝、小型水保工程以及营造水保林草和经果林等项目补助支出，主要包括材料费、设备费、机械施工费、种子苗木费、苗圃基础设施建设费和封禁治理费。国家水土保持重点建设项目以政府投入为主。规划治理区财政、水利部门要采取措施，按照筹资筹劳的有关规定，鼓励受益农户参与工程建设。

水土保持专项资金依据实施规划、年度治理任务、每平方公里水土流失综合治理单价以及中央财政补助比例进行分配。中央财政补助比例不超过全省项目投资总额的70%。具体项目的补助比例由各省财政、水利部门确定。

国家水土保持重点建设工程项目按年度组织申报。省级财政、水利部门根据财政部、水利部批复的五年治理规划，确定年度治理任务，编写项目和资金申请文件，联合上报财政部、水利部。水利部根据与财政部共同批复的五年治理规划，负责审核批复各省年度治理任务。财政部、水利部根据批复的各省年度治理任务和资金预算，研究提出资金分配方案，按程序报批后，将水土保持专项资金拨付有关省级财政部门。治理区内县级财政、水利部门依据批复的规划和年度治理任务，以小流域为单元组织编制初步设计，报省级财政、水利部门审批后组织项目实施。

43. 国家对雨水集蓄利用有何支持政策？

为了支持农村水利基础设施建设，进一步改善农民生产生活条件，促进粮食生产和农业结构调整，中央财政设立了雨水集蓄利用项目专项资金。项目实施范围为年降水量在300毫米以上、大中型水利工程不能覆盖且有建设雨水集蓄利用条件的干旱、半干旱丘陵、山区，以建设小水池（小水窖、小水柜）和容量不超过1万立方米的小水塘为主要建设内容，用以解决粮食生产和种植结构调整补充灌溉用水，适当兼顾人畜饮水。

项目申报遵循因地制宜、农户自愿、确保实效、先易后难的原则，以县为单位申请，以村为基本单元，整村推进。县级水利部门会同县级财政部门依据已编制的雨水集蓄利用规划，根据项目村的申请，共同填写《财政农业（水利）专项资金管理标准文本》，逐级联合上报至省级财政部门、水利部门。省级财政、水利部门对项目《财政农业（水利）专项资金管理标准文本》进行审查并提出书面审查意见；按照轻重缓急排列项目次序，编制省级年度项目申请计划，并联合上报财政部和水利部。财政部和水利部对各省上报的文件材料的合规性进行审查。符合下列条件的可申报中央补助资金：①项目建设地点符合国家和省的雨水集蓄利用工程规划；②项目村户均不足 2～3 亩有补灌条件的基本口粮田，或者户均不足 1 亩果蔬园或 0.5 亩大棚；③项目村的确定要充分尊重农户意愿，通过“一事一议”或民主议事形式决定。

按批复的实施方案确定的小水池（小水窖、小水柜）蓄水容积每立方米中央财政补助 25 元，小水塘蓄水容积每立方米中央财政补助 8 元（与项目省已实施该类工程现行补助标准不一致的，各省也可根据情况适当调整），原则上单户补助金额不高于 2 500元，主要用于材料费、设备费、施工费。建设费用（含材料费、设备费、施工费、前期工作、技术指导等）中不足部分由地方安排。

中央补助资金由财政部根据财政部、水利部联合审查的项目建设计划及资金补助额度，下达省级财政部门。省级财政部门会同省级水利部门，对中央财政下达的补助资金，按照规定的预算级次和程序下达资金，并抄送同级水利部门。中央补助资金采取直补方式，具体形式视当地实际情况而定。水泥、砖等大宗建材，原则上由水利部门采取集中采购，实行报账制；有条件的也可进行现金补助。

县级水利部门为项目实施建设单位，负责项目规划设计、组织施工和落实工程建后管理；县级财政部门负责对项目建设资金进行监督和管理。县（市）财政、水利部门组织项目县对所完成的工程进行验收，验收合格后，向省级财政、水利部门提出复验申请。省级财政、水利部门采取随机抽样的办法进行抽查复验，抽查项目不少于项目数的20%。对验收和复验不合格的项目通报批评，限期返工整改，直至达到要求。

雨水集蓄利用工程要按照“谁建、谁有、谁用、谁管”的原则，明晰所有权和管理责任。单户工程产权明确归农户所有，联户工程可建立用水合作组织对工程进行管理。县级财政、水利部门定期对工程使用情况进行跟踪检查，水利部门对农户进行工程的维护、使用提供具体技术指导。

44. 国家是如何支持农村物流服务体系发展的？

为推进社会主义新农村建设，健全农村流通网络体系，促进农民增收，拉动农村消费，中央财政设立了农村物流服务体系发展专项资金。坚持公开透明、规范合理、突出重点的原则。支持范围包括：新建和改造农家店、农村综合服务社，加快农村商品配送中心建设，提升商品配送能力；大型连锁超市、农产品流通企业与农产品专业合作社对接，在农产品生产基地建设鲜活农产品冷链系统、快速检测系统、配送中心、物流配送体系等项目；大型鲜活农产品批发市场对冷链系统、质量安全可追溯系统、安全监控、废弃物处理以及仓储、分拣包装、加工配送等设施进行升级改造；县乡农贸市场对经营设施进行标准化改造；农业生产资料连锁经营，重点培育大型农业生产资料流通企业，加强农业生产资料现代仓储物流设施建设；家电下乡、汽车摩托车下乡农村流通网络升级改造；农村物流信息公共服务平台、电子交易平台建设；财政部确定的其他支持方向。

专项资金采取以奖代补、贷款贴息和财政补助等支持方式，主要采取因素法进行分配。财政部根据专项资金年度支持重点，按照各地相关发展指标并考虑地方财力等因素，将专项资金分配到各省级财政部门并下达资金预算指标，同时按国库支付管理的有关规定及时拨付资金。各省级财政部门会同同级商务、供销等相关主管部门制定资金使用管理具体操作办法，根据国家规定的年度专项资金支持重点和分配的专项资金预算指标，提出具体项目安排意见，在规定时间内报财政部、商务部、供销总社等部门备案后组织实施。各地可根据当地财力情况，安排资金支持农村物流服务体系建设，并与中央财政专项资金统筹使用。省级财政部门按照规定程序办理专项资金划拨手续，及时、足额将专项资金拨付给项目单位。

45. 国家支持新农村现代物流服务网络工程建设的政策是什么？

为推进社会主义新农村建设，健全农村流通网络体系，助农增收，便民惠农，拉动农村消费，中央财政设立了新农村现代流通服务网络工程专项资金。遵循公开透明、规范合理、突出重点的原则，重点用于支持供销合作社农资、农副产品、日用消费品和再生资源回收利用等服务体系的改造。

支持范围包括：农资经营企业农资配送中心、连锁经营网络体系、批发交易市场升级改造项目，农副产品经营企业农副产品配送中心、连锁经营网络、冷链物流系统、批发交易市场升级改造项目，日用消费品经营企业日用消费品配送中心、连锁经营网络体系升级改造项目，再生资源回收企业再生资源社区回收点、分拣加工中心和集散市场升级改造项目，供销合作社主管的专业合作社、行业协会、专业经济协会等各类组织以及供销合作社系统农资、农副产品经营企业农化服务体系、农副产品、农资市场信息收集与发布、质量安全服务体系等公益性服务项目，经财政部批准的其他项目。

专项资金采取以奖代补、贷款贴息和财政补助等支持方式，主要采取项目法进行分配。财政部每年印发专项资金申报指南，明确当年申报工作有关规定和要求。符合规定的项目单位，供销总社所属单位通过供销总社向财政部申请，地方供销合作社所属单位通过省级供销合作社向省级财政部门提出申请。申报材料主要包括：供销总社或省级财政部门专项资金申请文件；项目承担单位项目可行性研究报告；项目承担单位法人营业执照复印件，地税、国税登记证复印件；项目承担单位相关资质证书复印件；申请银行贷款财政贴息的项目，需提供相关银行贷款合同和贷款承诺书等凭证；其他要求提供的材料。

供销总社或省级财政部门按专项资金申报指南规定的时间要求，将项目补助资金申请及按规定应提供的申报材料，一并上报财政部。财政部会同供销总社对申报项目进行评审。根据评审结果及当年专项资金财政预算安排，财政部下达专项资金预算。

46. 什么是特大防汛抗旱补助费？

为了支持防汛抗旱工作，完善国家防灾抗灾体系，促进国民经济稳定发展，中央财政设立了特大防汛抗旱补助费专项资金。用于补助遭受特大水旱灾害的省（含自治区、直辖市、计划单列市）、新疆生产建设兵团进行防汛抢险、抗旱及中央直管的大江大河大湖防汛抢险。

资金筹集坚持“地方自力更生为主，国家支持为辅”的原则，实行多渠道、多层次、多形式的办法筹集资金。首先从地方财力中安排防汛抗旱资金，地方财力确有困难的，可向中央申请特大防汛抗旱补助费。

特大防汛补助费用于应急度汛，抗洪抢险，水毁（含震毁）水利工程和设施（包括水文测报设施和防汛通讯设施）修复，以及分蓄洪区群众的安全转移。主要包括大江大河大湖堤防（含重要支堤、分蓄洪区围堤）和重要海堤及其涵闸、泵站、河道工程，大中型水库和重点小型水库的应急抢险，水文测报设施，防汛通讯设施，国界河流境内堤防，分蓄洪区群众安全转移。直接承担堤防防汛任务的国有农业企业（包括农场、渔场）、监狱农场和劳教农场辖区内的大江大河大湖堤防在遭受特大洪水、风暴潮后的抗洪抢险和水毁堤防工程修复费用超过自身承受能力时，可给予适当补助。

特大防汛补助费的开支范围包括伙食补助费、物资材料费、防汛抢险专用设备费、通信费、水文测报费、运输费、机械使用费和符合规定的其他费用。

特大抗旱补助费主要用于对遭受特大干旱灾害的地区为兴建应急抗旱设施、添置提运水设备及运行费用的补助。开支范围具体包括：县及县以下抗旱服务组织添置抗旱设备、简易运输工具等所发生的费用补助；在特大干旱期间，为抗旱应急修建水源设施和提运水所发生的费用补助；为解决特大干旱期间临时发生的农村人畜饮水困难而运送水所发生的费用补助；抗旱中油、电费支出超过正常支出部分的费用补助；为抗旱进行大面积人工增雨所发生的飞行费、材料费及抗旱节水、集雨等抗旱新技术、新措施的示范、推广和应用所发生的费用补助。

对农村集体、农民兴办的抗旱服务组织和抗旱股份合作制小型水利设施，特大抗旱补助费可酌情给予补助。

遭受特大水旱灾害的省要求中央财政给予特大防汛抗旱补助费的，可由省财政、水利厅（局）向财政部、水利部申报。新疆生产建设兵团直接向财政部、水利部申报。水利部直属事业单位所需的特大防汛抗旱补助费由相应的主管委（局）直接向水利部申报，由水利部汇总后向财政部申报。

特大防汛抗旱补助费的分配方案，由财政部商水利部根据受灾省灾情大小和自筹资金落实情况确定，并由财政部下拨给省财政厅（局）。分配给水利部各直属事业单位的特大防汛补助费由财政部拨给水利部。分配给新疆生产建设兵团的特大防汛抗旱补助费由财政部拨给新疆生产建设兵团。

47. 国家对高致病性禽流感防治有何政策？

为加强致病性禽流感防治，促进我国禽业发展，中央财政设立高致病性禽流感防治经费。国家对疫点和疫点周围 3 公里范围内的所有禽类强制扑杀；对疫区周围 5 公里范围内所有禽类强制免疫，对非强制免疫地区按照养殖者自愿的原则进行免疫。国家对免疫进行补助，对因强制扑杀而受损失的养殖者给予补偿。根据地区差异和各地财政状况，中央财政对不同地区禽流感防治实行差别补助政策。

禽流感疫苗经费标准，按鸡 0.5 毫升/只、鸭鹅 1 毫升/只，其他禽类按实际使用疫苗数量计算。疫苗价格按 0.2 元/毫升计算，强制免疫疫苗费用全部由国家负担，非强制免疫所需疫苗经费由国家负担 50%、养殖户负担 50%。国家负担部分中央财政对东、中、西部地区分别补助20%、50%、80%，地方财政分别负担80%、50%、20%。

禽流感扑杀补助经费由中央财政与地方财政共同负担。扑杀补助标准为鸡、鸭、鹅等禽类每只补助10元，各地可根据实际情况对不同禽类和幼禽、成禽的补助有所区别。按标准，中央财政对东、中、西部地区分别补助20%、50%、80%，地方财政分别负担80%、50%、20%。对国家扶贫工作重点县，扑杀补助经费、强制免疫疫苗经费和非强制免疫疫苗经费中由国家负担的部分，中央财政补助的比例提高10个百分点。

疫情监测工作由农业部统一组织，各级疫情监测机构各负其责。疫情监测经费原则上实行中央和地方财政分级负担，分别列入中央和地方财政预算。对发生疫情且地方财政较困难的中西部地区，根据监测工作的实际需要，中央财政给予适当补助。地方负担的疫苗扑杀补助经费及边境和省际动物防疫监督检查站工作费原则上由省级财政负担。防治禽流感所需的免疫注射、监测采样、疫区封锁、消毒、无害化处理，疫苗市场整顿等费用由地方财政负担。省级、市（地）级、县级财政负担比例由各省（区、市）根据实际情况确定，报财政部、农业部备案。

在禽流感疫情集中发期，根据防疫需要，免疫疫苗由农业部统一调拨。疫苗供应首先保证疫区周围5公里范围内所有禽类的强制免疫。省级畜牧兽医行政主管部门会同省级财政部门提出疫区强制免疫禽只的数量和需要的疫苗数量，联合报送农业部。疫苗生产企业接农业部的指令，在48小时内将疫苗发送到省级畜牧兽医行政主管部门。省级财政部门按承担的比例，及时与生产企业结算。中央财政承担部分，经农业部、财政部审核后，由中央财政直接支付生产企业，每季度结算一次。禽流感疫苗供应紧张状况缓解后，免疫所需疫苗由省级畜牧兽医行政主管部门会同省级财政部门进行政府采购。省级畜牧兽医行政主管部门会同省级财政部门提出需要免疫的家禽数量和疫苗数量，联合报送农业部、财政部。农业部对各省（区、市）的免疫计划核定后，报财政部申请疫苗补助经费，财政部审批后下拨省财政。由省级财政部门会同省级畜牧医行政主管部门统一向生产企业招标采购疫苗。

扑杀补助经费分配按以下程序进行：省级畜牧

兽医行政主管部门会同省级财政部门根据扑杀数量和扑杀补助标准尽快将资金发放给养殖者，之后省级畜牧兽医行政主管部门和省级财政部门联合向农业部、财政部申请中央财政扑杀补助资金，经两部审核后，由财政部将资金拨付给省财政，再由省财政逐级下拨。

新疆生产建设兵团及黑龙江、广东、海南垦区高致病性禽流感强制免疫疫苗经费和扑杀补助经费全部由中央财政负担。非强制免疫疫苗经费由中央财政负担 50%、养殖者负担 50%。“兵团”和“三大垦区”根据疫情况和有关规定，测算出扑杀数量和疫苗需求量报农业部和财政部。“兵团”由财政部直接下拨资金，“三大垦区”由财政部将资金拨付农业部，再由农业部下拨到垦区。

48. 国家对林业有害生物防治有何补助政策？

为了预防和除治危害森林、林木和林木种苗正常生长、造成灾害的病、虫、鼠（兔）和植物，做好林业有害生物防治工作，中央财政设立了林业有害生物防治专项经费。以地方投入为主，中央补助为辅；优先治理危险性和潜在危害大的种类；突出生态区位，适当向经济欠发达地区倾斜；鼓励使用无公害防治措施。补助费主要用于：为防治林业有害生物，购置药剂、药械、工具的开支；除害处理的人工费补助；治理区发生检疫检验的材料费、小型器具费。

林业有害生物灾害发生时，省级财政部门会同林业主管部门，新疆生产建设兵团财务局会同林业局，联合向财政部和国家林业局上报补助费申请报告和防治预案。大兴安岭林业集团公司由国家林业局向财政部申请补助。防治预案应包括灾害名称、受灾面积、区域范围、严重程度、原因分析、防治措施、自行治理及自筹资金落实情况等。

国家林业局根据林业有害生物测报点监测预报的灾害情况，对各地和有关单位报送的防治预案进行审核，灾害严重，确实需要中央财政给予补助的，向财政部提出补助费分配建议。财政部对各地和有关单位报送的申请报告以及国家林业局提出的分配建议进行审核后，确定补助方案，按照预算级次下达补助费，并抄送国家林业局和省级林业主管部门。

补助费采用因素法进行分配。首先根据林业有害生物灾害危害面积等系数确定中央财政是否给予补助，再通过相关系数计算补助费的安排数额。

根据中央财政安排的补助费数额，各地和有关单位结合林业有害生物灾害发生情况，统筹安排资金。各级财政部门和林业主管部门按照补助费使用范围安排使用资金，专款专用。购买列入政府采购目录的物品，按照有关规定实行政府采购。

49. 国家对农作物病虫害防治有何补助政策？

为了加强农区和牧区发生的蝗虫、小麦条锈病、水稻病虫害等传染性强、对农牧业生产造成严重损失的重大病虫害防治工作。中央财政根据当年农作物病虫害发生程度安排病虫害防治的专项资金，用于防治所需农药、机动喷雾（烟）机、燃油、雇工和劳动保护用品支出的补助。

省级财政部门、农业（畜牧）部门根据农作物病虫害监测（预报）结果、防治任务和受灾程度，联合向财政部、农业部申请当年农作物病虫害防治补助资金。申请报告内容包括：上年农作物病虫害防治情况以及资金使用和管理情况，当年农作物病虫害发生及危害趋势、计划防治措施，地方防治资金筹措情况、申请中央财政补助资金数额及用途等。地方各级财政部门要根据当地农作物病虫害监测情况、防治任务和受灾程度，安排专项资金支持病虫害监测和防治工作。农业部根据农作物病虫害监测预报结果和各地病虫害实际发生情况，审核各省（区、市）申请报告，提出当年中央财政补助资金分配建议报送财政部。财政部审核后，将资金拨付到省级财政部门。

省级农业（畜牧）部门、财政部门按照中央财政补助资金规模，制订实施方案。实施方案内容包括：农作物病虫害发生及危害情况，防治工作开展情况，地方资金落实情况和中央财政补助资金分配使用方案等。农作物病虫害防治所需农药、设备，除用于紧急救灾外，应由省级农业（畜牧）部门、财政部门统一实行政府采购。

新疆生产建设兵团财务、农业（畜牧）部门向财政部、农业部申请病虫害防治补助经费，资金由财政部直接下拨。中央直属垦区向农业部申请，资金由财政部拨付农业部后，再由农业部下拨到垦区。

50. 什么是广播电视扶贫救灾专项资金？

广播电视扶贫救灾专项资金是中央财政为支持全国广播电视系统老少边穷地区和遭受严重自然灾害地区广播电视节目正常播出而建立的补助资金。

专项资金的分配和使用坚持“突出重点、专款专用、加强管理、注重实效”的原则，统筹安排、分级管理、分级负责。

使用范围包括：补助老少边穷地区骨干台（站）及高山台（站）广播电视设施设备的更新改造及维修，补助遭受严重自然灾害的地方广播电视部门广播电视设施设备的更新改造及维修，经财政部、广电总局批准补助的其他事项。支出内容包括设备购置费、修缮费、材料费和经财政部批准补助的其他项目。

各有关省、自治区、直辖市、计划单列市的财政厅（局）和广电厅（局）根据规定的开支范围，统筹考虑提出专项资金申请，并认真填写《补助地方广播电视扶贫救灾专项资金申请书》，联合报财政部和广电总局。各有关省、自治区、直辖市、计划单列市财政厅（局）应于30日内将专项资金全额拨付。各级广电部门严格按照财政部门下达的专项资金专款专用。

51. 什么是农村孕产妇住院分娩专项补助？

为了改善农村孕产妇保健状况，保障广大农村孕产妇和新生儿的生命安全，提高农村人口的健康水平，我国各级财政部门安排了专项用于农村孕产妇住院分娩的补助资金。补助对象必须具备农业户籍，在定点医疗卫生机构住院分娩且符合国家有关政策。

县级财政将本地区农村孕产妇住院分娩补助所需资金纳入医疗卫生经费预算予以安排。省级财政安排必要的专项补助资金，支持困难地区落实农村孕产妇住院分娩补助政策。中央财政按照“当年金额预拨、次年考核结算、差额多退少补”的原则安排专项补助资金对困难地区予以支持。年初按上年度农村孕产妇住院分娩人数和当年确定的补助标准预拨当年补助资金，次年按各地上报的截至上年末实际住院分娩农村孕产妇人数，并统筹考虑各地农村孕产妇住院分娩工作的绩效考核情况，结算上年度中央财政专项补助资金。多拨资金抵顶当年预拨资金，少拨资金予以补足。

省级卫生、财政部门根据卫生部、财政部制定的农村孕产妇住院分娩基本服务项目，确定本地区的服务项目和限价标准，并结合本地经济社会发展水平和财政承受能力，合理确定本地区农村孕产妇住院分娩的人均财政补助标准。享受中央财政补助地区确定的人均补助标准不得低于中央财政人均补助标准。县级卫生部门会同财政部门确定当地具备助产资质条件的定点医疗卫生机构，承担农村孕产妇住院分娩任务。定点医疗卫生机构名单要通过适当方式向社会公开，以方便农村孕产妇选择。

定点医疗卫生机构对住院分娩的农村孕产妇，按人均财政补助标准免收住院分娩的相关费用。定点医疗卫生机构定期向县级卫生部门报送农村孕产妇住院分娩人数等情况，经县级卫生、财政部门审核批准后，由财政部门将专项补助资金通过国库集中支付方式直接拨付给定点医疗卫生机构。也可委托中介机构进行审核，经卫生、财政部门核准后拨付。异地住院分娩的农村孕产妇补助办法由各地根据实际情况另行制定。

定点医疗卫生机构应严格按规定执行基本服务项目和收费标准，如收取规定服务项目之外的其他服务费用，需征得孕产妇本人或家属同意。参加新型农村合作医疗的农村孕产妇在财政补助标准之外的住院分娩费用，可按当地新型农村合作医疗制度的相关规定给予补偿。对个人负担较重的贫困孕产妇，可按规定由农村医疗救助制度给予救助。有条件的地区，可探索将农村孕产妇住院分娩专项补助资金与新型农村合作医疗基金统筹管理，由新型农村合作医疗经办机构根据审核结果，将补助资金支付给定点医疗卫生机构等有效途径。

52. 什么是农村文化“以奖代补”专项资金？

为了引导和激励地方财政部门加大农村文化投入，进一步支持地方农村文化事业发展中央财政设立了农村文化“以奖代补”专项资金。主要用于地方开展农村文化体育活动、保护农村优秀传统民间文化、发展农村特色文化、培养农村基层文化队伍、丰富农民群众文化生活等方面的支出。

遵循“规范公平、鼓励先进、引导投入”的原则，奖补资金实行因素分配法，主要考虑以下因素：

（1）自然因素（权重10%），包含两个子因素：农村人口（5%），差异系数计算公式：某省农村人口/全国农村总人口；农村面积（5%），差异系数计算公式：某省农村面积/全国农村总面积。

（2）经济因素（权重50%），包含3个子因素：财政文化体育与传媒支出水平（20%），差异系数计算公式：某省财政文化体育与传媒支出除以某省财政一般预算支出/Σ（某省财政文化体育与传媒支出除以某省财政一般预算支出）；人均财政文化体育与传媒支出（15%），差异系数计算公式：某省财政文化体育与传媒支出除以某省人口/Σ（某省财政文化体育与传媒支出除以某省人口）；财政农村人均文化项目投入水平（15%），差异系数计算公式：某省财政农村文化项目投入除以某省农村人口/Σ（某省财政农村文化项目投入除以某省农村人口）。

（3）努力因素（权重20%），包含2个子因素：财政文化体育与传媒支出增长率（10%），差异系数计算公式：某省财政文化体育与传媒支出与上年之比/Σ（某省财政文化体育与传媒支出与上年之比）；财政农村文化投入增长率（10%），差异系数计算公式：某省财政农村文化项目投入与上年之比/Σ（某省财政农村文化项目投入与上年之比）。

（4）管理因素（20%），主要考核地方农村文化体育与传媒各项财政资金管理制度是否健全，每年上报材料是否及时、数据是否准确，对文化体育与传媒各项资金与奖励资金监督措施是否到位，是否存在违规现象。差异系数计算公式：某省管理工作考核成绩/全国管理工作考核总成绩。

奖补资金各省分配总额计算公式为：某省差异系数总和＝∑（各项因素差异系数×各项因素所占权重），某省分配额＝奖补资金总额×某省差异系数总和。

省级财政部门于每年4月底前，以厅（局）文件形式将奖补资金申请报告和《农村文化投入统计表》上报财政部。财政部根据上述各项因素，依据各省统计年鉴数据、决算数据以及上报的数据资料及书面材料，确定各省奖补资金分配金额并下达省级财政。

各省级财政部门要结合本地实际情况，制定奖补资金使用管理办法，抄送财政部备案。在制定奖补资金具体使用方案时，要符合规定的使用方向和范围，做到合理分配、规范使用，不得平衡预算或挪作他用。

53. 什么是农家书屋工程专项资金？

农家书屋工程专项资金是中央财政安排的，用于支持新闻出版行政部门组织实施的农家书屋工程的补助经费。专项资金的年度预算根据农家书屋工程总体规划、年度工作计划及国家财力情况核定。使用范围包括：对中西部地区的补助资金，主要用于农家书屋出版物购置等；对东部地区的奖励资金，主要用于农家书屋管理人员的培训、部分农家书屋补充出版物及与农家书屋管理相关的支出；专项资金不得用于农家书屋管理人员的工资和福利性支出。

中央财政按照每个农家书屋2万元的配置标准，分别给予中部地区50%、西部地区80%的补助资金，其余部分由地方财政部门统筹安排解决。根据农家书屋工程实施情况，中央财政每年对东部地区安排一定额度的奖励资金。

中西部地区省级新闻出版行政部门根据新闻出版总署下达的年度农家书屋工程建设计划及本地区实际建设情况编制专项资金预算，填制《农家书屋工程中央财政专项资金申请表》，于每年1月15日前报省级财政部门。省级财政部门审核后会同省级新闻出版行政部门于2月1日前将本地区农家书屋工程“中央财政专项资金申请报告”及《农家书屋工程中央财政专项资金申请表》，以省级财政部门文件形式联合上报财政部、新闻出版总署。东部地区省级财政部门会同新闻出版行政部门于每年2月1

日前将本地区“农家书屋工程实施情况报告”联合上报财政部、新闻出版总署。

新闻出版总署根据中西部地区“中央财政专项资金申请报告”和东部地区“农家书屋工程实施情况报告”，提出对中西部地区农家书屋工程专项资金补助建议和对东部地区农家书屋工程奖励资金的建议报财政部。财政部对分配建议审核同意后，会同新闻出版总署下达专项资金补助预算。

中西部地区省级财政部门收到中央财政拨付的专项资金后，落实本地区资金，并会同省级新闻出版行政部门按照政府采购管理的有关规定，结合本地实际，组织农家书屋出版物及相关服务的采购。当年未完成的采购项目，其结余资金结转下年度继续使用。

财政部对专项资金实行追踪问效制度，会同新闻出版总署采取定期考核或委托财政部驻各地财政监察专员办事处等方式对专项资金使用情况进行检查。检查结果将作为以后年度专项资金预算安排的重要参考依据。省级财政部门、新闻出版行政部门负责对本地区使用的专项资金进行管理和监督。

54. 什么是边境草原森林防火隔离带补助费？

边境草原森林防火隔离带补助费是中央财政为

支持边境草原、森林生态环境建设。预防外火入境、内火出境而设立的专项资金，必须专款专用。补助对象为承担边境草原森林防火隔离带开设、营造任务的防火站、草原站、林业场站、森林消防队等单位。

补助费用于在国界线内侧开设、营造草原、森林防火隔离带。国界线内侧草原、森林防火隔离带是指为堵截外火入境，内火出境，在我国草原、森林面积较大的边境地区开设、营造的隔离带。边境草原防火隔离带的开设地段，由国家草原防火主管部门认定，报财政部备案；边境森林防火隔离带的开设、营造地段由国家森林防火主管部门认定，报财政部备案。

边境草原森林防火隔离带开设宽度应符合立地条件，开设机耕防火隔离带宽度一般不低于 100 米，营造生物防火隔离带宽度一般不低于 50 米。开设边境草原森林防火隔离带补助标准由财政部、农业部和国家林业局确定。补助费主要用于机械费、设备维修费、化学除草剂费、机械油脂燃料费、生物防火林带营造费用。

省级财政部门会同农牧业、林业主管部门根据本省区的草原、森林防火隔离带开设、营造任务，于每年 3 月底之前分别联合向财政部和农业部、国家林业局提出资金申请报告。申请报告内容应包括草原森林防火隔离带开设情况，地方各级资金投入情况，上年度草原、森林防火隔离带补助费安排使用情况等。财政部商农业部、国家林业局确定当年补助方案，由财政部下达到省级财政部门。省级财政部门将补助费分别拨到省级农牧业、林业主管部门后，省级农牧业、林业主管部门直接拨给省级草原、森林防火指挥部门。省级草原、森林防火指挥部门根据工作任务的需要，统一组织开设、营造防火隔离带，统一安排使用补助费。

55. 什么是农资综合补贴？

农资综合补贴是指国家统筹考虑柴油、化肥等农业生产资料价格变动对农民种粮的增支影响，坚持“价补统筹、动态调整、只增不减”的基本原则对种粮农民给予适当补助，以有效保护农民种粮收益，调动农民种粮积极性。

（1）农资综合补贴规模的确定。

设定基期。初始基期参考 2008 年农资价格水平，考虑有关因素确定。以后年份，农资价格上涨，全国粮食亩均化肥、柴油支出高于初始基期水平，则以该年作为新的基期年，基期滚动调整。

确定每年种粮农资增支。与基期相比，每年全国粮食亩均化肥增支额，主要依据国家发展改革委农产品成本收益调查数据确定，并根据粮食播种面积测算全国种粮化肥增支总额；柴油增支，主要依据农业部提供的全国种粮柴油施用总量及国家统一调整成品油价格调价幅度、调价时间，测算种粮柴油增支总额，并根据全国粮食播种面积测算亩均种粮柴油增支额。

确定农资综合补贴规模。综合考虑当年农资价格和粮食价格变化以及国家财力情况，确定次年农资综合补贴规模。与基期相比，当年化肥、柴油价格上涨影响农民种粮增支较多时，在基期补贴存量的基础上适当增加农资综合补贴；当年农资价格变动影响农民种粮增支基本不增加时，原则上保持基期补贴存量不变；连续三年粮食亩均化肥、柴油支出不高于基期水平，可以统筹当年财力情况适当增加农资综合补贴。

（2）补贴资金拨付与管理。农资综合补贴资金由中央财政预算安排。中央财政按照当年测算确定的农资综合补贴规模，安排次年预算。有条件的地方也可结合本地实际情况在中央财政预算基础上适当增加农资综合补贴预算。中央财政对各省（自治区、直辖市）农资综合补贴资金按因素法测算分配。存量资金分配原则上稳定不变；增量资金分配，原则上主要考虑各省（自治区、直辖市）粮食播种面积、产量、商品量等因素分配到省（自治区、直辖市），并适当考虑地区农资价格差异等因素，补贴资金分配向粮食主产省（区）倾斜。补贴资金兑付采取当年补上年的办法。上年新增补贴资金连同存量补贴资金于当年年初拨付，各地力争春耕前将补贴落实到户，支持农民春耕生产，保护农民种粮积极性。

四、农村财政管理

1. 什么是财政管理？财政管理具有什么作用？

财政管理是国家运用一定手段，对财政分配及相关经济活动过程进行的决策、计划、协调、控制等一系列活动的总称。

财政管理贯穿财政工作始终，是覆盖所有财政领域和财政过程的一项经常性的重要工作。同时，它作为制定和执行财政政策及法规、规范财政关系及运行的行为，又是整个国民经济管理活动的重要组成部分。它不仅要与国家的经济体制相配套，因为一定时期一定条件下的财政管理，是由一国的经济体制特别是财政体制的属性和宏观经济体制模式决定的，而且还要同国家的其他宏观经济政策相协调，因为财政又是政府活动的重要物质保障。因此，加强和改进财政管理，不仅决定着财政工作的整体水平及分配改革，直接影响着财政改革的效应和财政职能的发挥，而且也是促进经济社会全面发展的一个重要方面。

财政本身所具有的政治、经济双重属性，决定着财政管理是政府管理的核心内容，成为古往今来国家兴亡和政权更替的关键因素。从财政是一个政治范畴看，因为它是国家政权活动的重要组成部分，国家的发展和政府活动范围的扩大，使得财政由满足政府基本需要扩大到满足社会公共需要，国家财政逐步显现出公共财政的特征，公共财政制度是国家政治制度的重要组成部分。从财政是一个经济范畴分析，财政历来就是政府的经济行为，是政府调控经济运行的一个重要手段。随着国家职能的扩大和经济体制的变革，特别是我国社会主义市场经济体制的建立，必须不断地完善财政管理，改进和调整财政管理方式，才能使财政管理成为克服市场缺陷的有效工具。

2. 财政管理的主要目标有哪些？

针对我国完善社会主义市场经济体制的要求和当前我国财政管理活动中存在的主要问题，财政管理要实现的主要目标有以下几个：

（1）构建良性循环的财政运行机制。财政运行机制是财政收支组织行为和方式的总称。财政运行的良性循环机制主要包括规范的分税制，多元化、多层次的财源结构，实行多层次的财政预算管理，实施法制化的财政管理体制与监督。

（2）建立有效保障财政收入合理增长的机制。财政部门是培植和管理财源的中坚力量，财政管理水平的高低，直接影响到财政收入的多少。

（3）强化财政收支平衡的有效监控机制。确保财政收支平衡，是克服财政收支矛盾的重要手段。

3. 什么是财政风险？财政风险的主要特点是什么？

财政风险是指政府受内生或外生因素的影响，导致政府财政收支总量不平衡，产生支付危机或经济危机的一种趋势或可能性。它具有以下特点：①财政风险是国家和政府的风险，带有很强的政治色彩；②财政风险具有系统性，表现形式上具有混合性特点；③财政风险是普遍存在的，但反映形式具有隐蔽性；④财政风险存在于开放的社会，其形式和影响力都具有开放性的特点。

4. 我国中央与地方的事权和支出是如何划分的？

中央财政主要承担国家安全、外交和中央国家机关运转所需经费，调整国家经济结构、协调地区发展、实施宏观调控所必需的支出以及由中央直接管理的事业发展支出。具体包括国防费、武警经费、外交和援外支出、中央级行政管理费、中央统管的基本建设投资、中央直属企业的技术改造和新产品试制费、地质勘探费、由中央财政安排的支农支出、由中央负担的国内外债务的还本付息支出，以及中央本级负担的公检法支出和文化、教育、卫生、科学等各项事业费支出。

地方财政主要承担本地区政权机关运转所需支出以及本地区经济、事业发展所需支出。具体包括地方行政管理费，公检法支出，部分武警经费，民兵事业费，地方统筹的基本建设投资，地方企业的技术改造和新产品试制经费，支农支出，城市维护和建设经费，地方文化、教育、卫生等各项事业费，价格补贴支出以及其他支出。

5. 什么是财政监督？财政监督的主要内容和方式有哪些？

财政监督是财政部门为保障财政资金分配和管

理活动正常有序运行，对相关主体的财政财务行为实施的监控、检查、稽核、督促和反映等活动的总称。

财政监督的主要内容包括：

（1）监督预算的编制及执行。监督、检查各级总预算与单位预算的编制和执行情况，以及经济建设事业完成的进度和效果，这是财政监督的重要内容。

（2）监督财政收入正确、及时、定额上缴。这是对财政收入的解缴、征管、入库、退付实行全过程、全方位的监督。

（3）监督单位财务的管理与运行。包括两个不同性质的层次：一是对行政事业单位财务的财政监督，二是企业财务的财政监督。

（4）监督财政投资资金的分配、使用和管理。从财政监督的流程来看，财政监督的主要方式一般包括检查、调查、建议与反映等几个环节。检查是监测财政收支活动的一种最直接方法和有效途径。财政监督中的检查，是财政监督的一种权利，它是专门财政监督机构通过在事中、事后直接审阅、考证和稽核，来确定被监督单位执行财税法规情况的强制手段。通过对被监督对象的检查，对发现的问题作进一步调查，加以分析总结，向被监督单位或其上级主管机构提出改进的意见和建议。反映是指对财政运行中的情况以及这些情况对财政收支的影响，从产生原因、解决对策等方面深入总结，并向有关决策层做出信息反馈，以利于完善财政运行机制和财政监督管理工作。

从财政监督的具体方式来看，一般有日常监督检查、专项监督检查和个案检查。日常监督检查主要是对预算执行和财政管理中的某些重要事项进行的，其监督检查中主要把握三个环节：事先审查预算的编制，监督检查预算、计划是否积极可靠，财政资金的分配是否合理；事中对预算执行中的财政资金筹集、拨付、使用监督检查，这种监督贯穿于日常的财政收支业务工作中，及时跟踪财政活动过程中的收、支效果，及时发现问题，采取措施；事后对预算计划执行结果检查，审核决算，这是发生在财政资金分配已经实现并已使用以后的监督，检查监督对象是否按规定使用资金，是否达到预期效果，是否违反财经纪律，经过分析评价总结经验教训。专项监督检查是针对日常监督检查的重点进行的。财政部门根据监督检查中发现的热点和难点等重大问题，有针对性开展专项监督检查，能够突出重点，保证质量。个案检查是根据群众的举报及日常监督检查和专项监督检查中发现的线索所进行的检查核证，它是日常监督检查的有益补充。

6. 我国对县乡财政监督有何规定？

（1）省级财政部门加大对县乡财政监督工作的指导力度，强化县乡基层财政监督能力建设。省级财政部门要切实加强对县乡财政监督工作的指导。要充分认识做好县乡基层财政监督工作的重要意义，认真研究具体措施，制定落实方案，明确县乡基层财政监督职责、工作重点和流程，积极探索分类监督模式。通过信息交流、业务培训等多种方式，加强对县乡财政监督工作的支持和指导。省级财政部门每年要制订计划，对县乡基层财政的管理和监督情况进行督导、巡查和抽查，督促县乡基层财政加强资金监管。

县级财政部门要强化自身监管能力建设，并要加强对乡镇财政监督工作的督促和指导。明确乡镇财政的监管范围，量化监管任务，细化监管重点和关键环节。具备条件的地方可以向乡镇财政（所、站）派驻财政监督员。实行“乡财县管”的地区，要结合本地区的实际情况，进一步落实对乡镇财政的监管要求。

乡镇财政要逐步建立起“职责明确、保障有效、管理规范、监督有力、运转高效”的财政监管机制。要转变观念，强化监督意识，认真落实监管责任，指定专人负责监督检查工作。已设立或实行派驻财政监督员的乡镇，要充分发挥财政监督员的作用。确定为中央和省级财政部门联系点的乡镇财政（所、站）要认真落实监管责任，及时将监管工作开展情况以及反映的问题、政策建议等报告上级财政部门。

（2）充分发挥专员办职能作用，加强对县乡基层财政的指导和监督。财政部驻各省、自治区、直辖市、计划单列市财政监察专员办事处（以下简称专员办）要切实履行职责，开展对县乡基层财政的指导和监督检查。各专员办要加强与财政部确定的94个乡镇财政联系点的联系，各联系点在向上级财政部门报送信息资料时，要同时报送当地专员办。专员办要做好信息资料的收集整理，研究分析有关情况和问题，指导联系点乡镇财政开展财政监督工作。各专员办在开展基层单位项目资金使用情况的监督检查中，要重点关注县乡基层财政预算执行、资金管理和开展财政监督情况，并对其进行专项抽查，抽查结果要及时报告财政部。

（3）切实强化强农惠农政策落实和资金使用情况的监督检查。加强和完善县乡基层财政对强农惠农资金的监督管理，是保证国家各项强农惠农政策贯彻落实和强农惠农资金管理使用规范、安全、有效的重要措施。

开展对强农惠农政策落实和资金管理使用全过

程的监督检查。各级财政部门要采取定期和不定期抽查，上下联动和横向联合检查等方式开展强农惠农政策落实和资金使用情况的监督检查和跟踪问效。县乡基层财政在项目立项申报时，要及时掌握有关情况，避免多头、重复申报；在资金下达后，要做好项目和资金的登记、统计等基础信息工作，跟踪资金流向，保障政策的落实和资金的安全；项目实施后，要对政策实施效果进行检查评估。

建立信息通报和反馈机制。省级财政部门要建立信息通报制度，及时将有关政策规定、监督检查的重点和具体要求传达到县乡基层财政；县乡基层财政部门要将财政监督工作开展情况、强农惠农资金管理使用中存在的问题、项日预算执行和实施进度及效果等信息，及时、全面地报告上级财政部门。

完善乡镇财政公开公示制度。信息公开公示是实施监督的重要手段。县乡基层财政要落实信息公开公示的具体措施，做好基础信息的核实和整理，积极推行“一卡通”管理及其信息管理系统建设，将强农惠农资金政策和项目的建设目标、资金规模、标准、使用程序等向群众公开，广泛听取群众意见和要求，自觉接受群众和社会舆论的监督，确保强农惠农政策落到实处。

7. 国家预算资金与“三农”有什么关系？

近年来，各级财政不断加大财政对“三农”投入力度，建立健全“三农”投入稳定增长机制和强农惠农政策支持体系，有力地促进了农业生产、农民增收和农村经济社会事业全面发展。

中央财政安排的“三农”支出包括中央本级支出和补助地方的“三农”支出。其中，中央本级支出主要用于农产品储备费用及利息支出，支持新疆建设生产兵团和中央农垦企业农业生产、对农民补贴和农村社会事业发展支出。中央补助地方“三农”支出主要用于农村税费改革，支持建立农村义务教育经费保障机制、建立新型农村合作医疗制度、农村医疗救助和农村公共卫生体系建设，建立新型农村养老保险制度，增加对农民的直接补贴，以及农业基础设施和农田水利建设等方面；地方财政安排的“三农”支出主要用于农业产业化、农业技术推广和技能培训、病虫害控制、林业培育、农村人畜饮水、农村能源综合建设、水利工程和农业基础设施、公路水路运输和农村道路建设，农村教育、医疗卫生、社会保障和就业、农村公益事业、对村民委员会和村党支部补助、村级一事一议补助、退耕还林补助和自然生态保护、对农民补贴和促进农产品流通等方面。

相关链接

2009 年，全国财政“三农”支出 20 042.6 亿元，占总支出的 26.3%，比 2008 年增加 4 409.1 亿元，增长 28.2%。其中，中央财政安排“三农”支出 7 253.1 亿元，比 2008 年增加 1 297.6 亿元，增长 21.8%，包括中央本级支出 709.9 亿元，比 2008 年增加 37.5 亿元；中央对地方转移支付中用于“三农”的支出 6 543.2 亿元，比 2008 年增加 1 260.1 亿元。地方财政通过自有财力安排“三农”支出 12 789.5 亿元，加上中央对地方转移支付中用于“三农”的支出，2009 年地方财政共实现“三农”支出 19 332.7 亿元，比 2008 年增长 29.2%。

8. 什么是预算外资金？预算外资金的主要内容是什么？

预算外资金，是指国家机关、事业单位和社会团体为履行或代行政府职能，依据国家法律、法规和具有法律效力的规章而收取、提取和安排使用的未纳入国家预算管理的各种财政性资金。预算外资金的主要内容包括：法律、法规规定的行政事业性收费、基金和附加收入等，国务院或省级人民政府及其财政、计划（物价）部门审批的行政事业性收费，国务院以及财政部审批建立的基金、附加收入等，主管部门从所属单位集中的上缴资金，用于乡镇政府开支的乡自筹和乡统筹资金，其他未纳入预算管理的财政性资金。

9. 什么是“收支两条线”？

是指国家机关、事业单位、社会团体及其他组织，将按照国家有关规定依法取得的政府非税收入全额缴入国库或者财政专户，支出通过财政部门编制预算进行统筹安排，资金通过国库或财政专户收缴和拨付的管理制度。

10. 农村土地出让费如何管理？

（1）将土地出让收支全额纳入预算，实行“收支两条线”管理。从2007年1月1日起，土地出让收支全额纳入地方基金预算管理。收入全部缴入地方国库，支出一律通过地方基金预算从土地出让收入中予以安排，实行彻底的“收支两条线”。在地方国库中设立专账，专门核算土地出让收入和支出情况。

建立健全年度土地出让收支预决算管理制度。每年第三季度，有关部门要严格按照财政部门规定编制下一年度土地出让收支预算；每年年度终了，有关部门要严格按照财政部门规定编制土地出让收支决算。同时，按照规定程序向同级人民政府报告，政府依法向同级人民代表大会报告。编制年度土地出让收支预算要坚持“以收定支、收支平衡”的原则。土地出让收入预算按照上年土地出让收入情况、年度土地供应计划、地价水平等因素编制；土地出让支出预算根据预计年度土地出让收入情况，按照年度土地征收计划、拆迁计划以及规定的用途、支出范围和支出标准等因素编制，其中，属于政府采购范围的，应当按照规定编制政府采购预算。

(2) **规范土地出让收入使用范围，重点向新农村建设倾斜。**土地出让收入使用范围包括：①征地和拆迁补偿支出。包括土地补偿费、安置补助费、地上附着物和青苗补偿费、拆迁补偿费。②土地开发支出。包括前期土地开发性支出以及按照财政部门规定与前期土地开发相关的费用等。③支农支出。包括计提农业土地开发资金、补助被征地农民社会保障支出、保持被征地农民原有生活水平补贴支出以及农村基础设施建设支出。④城市建设支出。包括完善国有土地使用功能的配套设施建设支出以及城市基础设施建设支出。⑤其他支出。包括土地出让业务费、缴纳新增建设用地土地有偿使用费、计提国有土地收益基金、城镇廉租住房保障支出、支付破产或改制国有企业职工安置费支出等。

土地出让收入的使用要确保足额支付征地和拆迁补偿费、补助被征地农民社会保障支出、保持被征地农民原有生活水平补贴支出，严格按照有关规定将被征地农民的社会保障费用纳入征地补偿安置费用，切实保障被征地农民和被拆迁居民的合法利益。土地出让收入的使用要重点向新农村建设倾斜，逐步提高用于农业土地开发和农村基础设施建设的比重。用于农村基础设施建设的资金，要重点安排农村饮水、沼气、道路、环境、卫生、教育以及文化等基础设施建设项目，逐步改善农民的生产、生活条件和居住环境，努力提高农民的生活质量和水平。土地前期开发要积极引入市场机制、严格控制支出，通过政府采购招投标方式选择评估、拆迁、工程施工、监理等单位，努力降低开发成本。城市建设支出和其他支出要严格按照批准的预算执行。编制政府采购预算的，应严格按照政府采购的有关规定执行。

为加强土地调控，由财政部门从缴入地方国库的土地出让收入中，划出一定比例资金，用于建立国有土地收益基金，实行分账核算，具体比例由省、自治区、直辖市及计划单列市人民政府确定，并报送财政部和国土资源部备案。国有土地收益基金主要用于土地收购储备。

11. 我国的财政层级是如何划分的？

根据预算法规定，我国实行一级政府一级预算，设立中央，省、自治区、直辖市，设区的市、自治州，县、自治县、不设区的市、市辖区，乡、民族乡、镇五级预算，相应的设立五级财政机构。

财政部是国务院组成部门，是国家主管财政收支、财税政策和国有资本金基础工作的宏观调控部门，与地方财政部门为业务指导关系，主要体现在预决算编制和执行、财税政策协调以及对财税法规政策的执行情况进行监督等方面。省以下各级财政机关是同级政府的组成部门，由同级政府领导，主管本辖区财政工作，具体负责本级政府预算的组织执行。

12. 我国的税务机构是如何设置的？

我国中央政府设立国家税务总局，是国务院主管税收工作的直属机构。省及省以下税务机构分设为国家税务局和地方税务局两个系统。

国家税务局系统的机构设置为四级，即国家税务总局、省（自治区、直辖市）国家税务局、地（市、州、盟）国家税务局、县（市、旗）国家税务局。国家税务局系统实行国家税务总局垂直管理的领导体制，在机构、编制、经费、领导干部职务的审批等方面按照下管一级的原则，实行垂直管理。地方税务局按行政区划设置，分为三级，即省（自治区、直辖市）地方税务局、地（市、州、盟）地方税务局、县（市、旗）地方税务局。地方税务局系统的管理体制、机构设置、人员编制按地方人民政府组织法的规定办理。省（自治区、直辖市）地方税务局实行省（自治区、直辖市）人民政府和国家税务总局双重领导，以地方政府领导为主的管理体制。国家税务总局对省（自治区、直辖市）地方税务局的领导，主要体现在税收政策、业务的指导和协调以及对国家统一的税收制度、政策的组织实施和监督检查等方面。省（自治区、直辖市）以下地方税务局实行上级税务机关和同级政府双重领导、以上级税务机关垂直领导为主的管理体制，即地（市、州、盟）以及县（市、旗）地方税务局的机构设置、干部管理、人员编制和经费开支由所在省（自治区、直辖市）地方税务机构垂直管理。

13. 乡镇财政机构是如何设置的？

乡镇财政机构主要有财政机关、基层税务部门和基层国库。乡镇财政机关是乡镇政府的重要职能部门之一，受乡镇政府和县财政机关的双重领导。乡镇财政机关一般称为财政所，乡镇财政所一般设所长、总预算会计、工商税收协税员和财务管理等专管人员。乡镇基层税务部门一般称之为乡镇税务所，其职责是，组织各项税收并及时办理入库，并按规定设置账户，每月将执行情况抄报乡镇财政所。乡镇基层国库称之为乡镇国库，原则上设在当地的专业银行办事处或营业所，乡镇国库业务受县支库直接领导。

14. 什么是“省直管县”？“省直管县”改革的主要内容是什么？

“省直管县”指为了缓解县级财政困难，解决政府预算级次过多等问题，在现行行政体制与法律框架内，省级财政直接管理县（市）财政的一种财政管理方式。由于各地具体情况差异较大，“省直管县”的类型也不尽相同，有些地区在财政体制、转移支付、财政结算、收入报解、资金调度、债务管理等各个方面，全面实行省对县直接管理，有些地区主要在补助资金分配和资金调度等方面实行省对县的直接管理。

实行省直接管理县财政改革，就是在政府间收支划分、转移支付、资金往来、预决算、年终结算等方面，省财政与市、县财政直接联系，开展相关业务工作，主要内容包括以下几个方面：

（1）收支划分。在进一步理顺省与市、县支出责任的基础上，确定市、县财政各自的支出范围，市、县不得要求对方分担应属自身事权范围内的支出责任。按照规范的办法，合理划分省与市、县的收入范围。

（2）转移支付。转移支付、税收返还、所得税返还等由省直接核定并补助到市、县；专项拨款补助，由各市、县直接向省级财政等有关部门申请，由省级财政部门直接下达市、县。市级财政可通过省级财政继续对县给予转移支付。

（3）财政预决算。市、县统一按照省级财政部门有关要求，各自编制本级财政收支预算和年终决算。市级财政部门要按规定汇总市本级、所属各区及有关县预算，并报市人大常委会备案。

（4）资金往来。建立省与市、县之间的财政资金直接往来关系，取消市与县之间日常的资金往来关系。省级财政直接确定各市、县的资金留解比例。各市、县金库按规定直接向省级金库报解财政库款。

（5）财政结算。年终各类结算事项一律由省级财政与各市、县财政直接办理，市、县之间如有结算事项，必须通过省级财政办理。各市、县举借国际金融组织贷款、外国政府贷款、国债转贷资金等，直接向省级财政部门申请转贷及承诺偿还，未能按规定偿还的由省财政直接对市、县进行扣款。

15. 我国为什么要推行“省直管县”改革？

“省直管县”财政管理体制具体分为四种类型：①以北京、天津、上海、重庆等直辖市以及海南省为代表的行政管理型，即这些地区行政管理层级就是省直接管理县，没有地级市这一中间环节，财政体制自然是省直管县；②以浙江、湖北、安徽、吉林等省为代表的全面管理型，即对财政体制的制定、转移支付和专款的分配、财政结算、收入报解、资金调度、债务管理等财政管理的各个方面，全部实行省对县直接管理；③以山西、辽宁、河南等省为代表的补助资金管理型，主要是对转移支付、专款分配，以及资金调度等涉及省对县补助资金分配的方面实行省直接管理；④山东、广西实行的省市共管型，即省级财政在分配转移支付等补助资金时，直接核定到县，但在分配和资金调度时仍以省对市、市对县方式办理，同时，省级财政加强对县级监管。

实行“省直管县”省级政府能够更加有效地统筹地区之间的发展，更好地发挥协调能力；能够通过减少行政层级降低行政成本，提高财政资金运转效率和财政管理工作效率；能够增加财政管理透明度，调动县级财政发展经济的积极性。我国市场经济体制建立并逐步完善、政府改革力度的加强为“省直管县”改革提供了制度保障，现代科技手段普及应用为“省直管县”改革提供了技术支持，基础设施的改善为“省直管县”改革提供了物质条件。

16. 什么是“乡财县管”？为何要实施“乡财县管”？

乡财县管是指在乡镇政府管理财政的法律主体地位不变，财政资金所有权和使用权不变，乡镇享有的债权及负担的债务不变的前提下，县级财政部门在预算编制、账户统设、集中收付、采购统办和票据统管等方面，对乡镇财政进行管理和监督，帮助乡镇财政提高管理水平。

乡镇财政自建立以来，对促进我国农村经济和各项社会事业发展，巩固和加强农村基层政权建设发挥了重要作用。近年来，随着农村税费改革的深化和政府职能的转变，乡镇财政收入规模大幅下降，乡镇财政支出范围明显缩小，不少乡镇存在财政供养人员较多、债务负担过重、管理水平低下等问题。为推动建立县乡公共财政体制框架，规范乡镇收支行为，防范和化解乡镇债务风险，维护农村基层政权和社会稳定，迫切需要改革乡镇财政管理方式，实行乡财县管。

17. 什么是财政政策？通常有哪几种类型？

财政政策是国家根据一定时期政治经济形势和任务制定的指导财政分配活动和处理各种财政分配关系的基本准则，是客观存在的财政分配关系在国家意志上的反映。在现代市场经济条件下，财政政策是国家干预经济、实现国家宏观经济目标的工具。

现代经济学根据财政政策在调节经济活动上的作用和影响，对财政政策从不同的角度进行划分。

（1）自动稳定的财政政策和相机抉择的财政政策。这是根据财政政策具有调节经济周期的作用来划分的。自动稳定的财政政策是指在财政活动中能够自动地趋向于抵消总供需变化，起到稳定经济波动作用的功能。相机抉择的财政政策是政府根据经济形势的判断，主动采取财政收支变动的政策措施，以消除通货膨胀缺口和通货紧缩缺口。

（2）扩张性财政政策、紧缩性财政政策和中性财政政策。这是根据财政政策在调节国民经济总量的不同功能划分的。扩张性财政政策是指通过财政收支活动对社会总需求有拉动刺激性作用的政策。紧缩性财政政策是指通过财政政策收支活动对社会总需求有减少和抑制性作用的政策。中性财政政策是指使政府的财政收支活动不对社会总需求产生扩张性或者抑制性影响的政策。

18. 中央财政支持革命老区发展的政策主要有哪些？

革命老区在战争时期为中国革命作出过重大贡献，但由于受历史、自然等因素制约，老区经济仍然比较落后，财力比较薄弱，财政比较困难，公共服务水平不高。党中央、国务院对革命老区非常关心，中央财政一直十分重视对老区的支持与帮助。除通过统一的转移支付制度对革命老区所在省区加大支持外，还制定了专项支持政策。

（1）设立革命老区专项转移支付。从2001年起，中央财政单独设立了土地革命时期老区转移支付。从2002年开始，所有革命老区县实行统一的县均补助标准，2002—2005年该标准分别为300万元、400万元、500万元和600万元。从2006年起，为了加强革命老区转移支付资金管理，发挥资金的政策效应，中央财政将革命老区转移支付从一般性转移支付中划出，调整为专项管理，设立了革命老区专项转移支付资金，补助标准逐年提高，2006—2010年分别为县均720万元、720万元、800万元、900万元和1 000万元。为了充分发挥资金的使用效益，让老区人民切身感受到党中央的温暖，中央明确省级和市级财政要将中央对革命老区的转移支付资金分配落实到对中国革命做出较大贡献且财政较为困难的连片革命老区，用于帮助老区人民群众改善生产生活条件。并要求有条件的地区可以在预算中安排一些资金，增加对革命老区转移支付规模。

（2）实行税收优惠政策。对国家确定的革命老根据地、少数民族地区、边远地区、贫困地区新办的企业，经主管税务机关批准后，可减征或者免征所得税3年。此外，革命老区还可以统一享受国家现行的区域、产业和行业税收优惠政策。

19. 中央财政支持民族地区发展的政策主要有哪些？

中央财政历来十分重视少数民族地区的发展，除通过统一的转移支付制度对少数民族地区加大支持外，还采取了诸多特殊支持政策。

（1）设立民族地区转移支付。自2000年起，中央财政每年拿出一部分资金，加上当年民族地区增值税环比增量的80%，对民族省区和非民族省区的民族自治州安排专门的财力性转移支付。从2006年起，中央财政又将非民族省区的民族自治县纳入转移支付范围。

（2）一般性转移支付对民族地区实行优惠政策。考虑民族地区的特殊支出因素，通过因素选取增加对民族地区的一般性转移支付。同时，在有些少数

民族地区特殊因素暂时难以量化的情况下，通过提高对民族地区转移支付系数，增加一般性转移支付额。

（3）调资转移支付和艰苦边远地区津贴对民族地区给予照顾。1999 年以来，中央先后出台了 5 次增加机关事业单位职工工资和离退休人员离退休费政策，并出台了发放一次性年终奖金政策。其中，后三次调资对民族省区实行全额补助前两次调资及年终奖金补助中，民族省区转移支付系数在同档次非民族省区转移支付系数的基础上增加 5 个百分点。另外，国务院决定从 2001 年起建立艰苦边远地区津贴制度，由此增加的支出全部由中央财政负担，享受此项补助的基本上是西部民族省区。

（4）农村税费改革转移支付对民族地区的照顾。其中，在分配农村中小学教师工资转移支付时，民族地区的转移支付系数高出同档次非民族地区 5 个百分点。对由于免征农业税和除烟叶以外的农业特产税而减少地方财政收入的少数民族集中的中西部地区，由中央财政给予适当补助。

（5）实行税收优惠政策。对国家确定的革命老根据地、少数民族地区、边远地区、贫困地区新办的企业，经主管税务机关批准后，可减征或者免征所得税3年。

20. 中央财政支持边境地区发展的政策主要有哪些？

中央财政历来十分重视边境地区的发展，除通过统一的转移支付制度对边境所在省区加大支持外，还针对边境地区采取了专项支持政策。

（1）1977年起，中央财政设立了边境事业补助费，该补助于2001年并入新设立的边境地区转移支付中。边境事业补助费和边境地区转移支付，主要用于改善边境地区人民生产生活条件和促进边境地区经济社会发展的各项事业，有力地支持了边境地区的各项基础设施建设。2002年起，中央财政又陆续对边境地区一级铁路和陆路口岸安排了国门环境整治补助，专门用于国门建设及周边环境整治。

（2）建立了艰苦边远地区津贴补助制度。根据国务院关于建立艰苦边远地区津贴的决定，自2001年起，中央建立了艰苦边远地区津贴补助制度，2006年作了进一步完善。依据自然地理环境和人文社会发展等方面指标，对县级行政区域的艰苦边远程度进行量化评估，在此基础上确定了实施艰苦边远地区津贴的范围和类别。列入范围的机关事业单位工作人员和离退休人员享受艰苦边远地区津贴。现行艰苦边远地区津贴类别有六类。实施艰苦边远地区津贴所需经费由中央财政负担。

(3) 实行税收优惠政策。对国家确定的革命老根据地、少数民族地区、边远地区、贫困地区新办的企业，经主管税务机关批准后，可减征或者免征所得税3年。

主要参考文献

崔从光.2001. 农村财政与金融［M］. 北京：中国农业出版社.

李一芝，李艳芳.2004. 农村财政金融［M］. 北京：中国金融出版社.

马金华，陆广德.2010. 财税知识问答［M］. 北京：中国财政经济出版社.

张悦玲，张丽明，马长海.2003. 财政学［M］. 北京：中国农业科学技术出版社.

中华会计函授学校.2010. 财政支农政策解读（增补本）［M］. 北京：中国财政经济出版社.